# 作者簡歷

## 一、學歷：

東吳大學 歷史學系
中原大學 宗教研究所
以色列耶路撒冷希伯來大學 – 希伯來語第六級(最高級)文憑

## 二、以色列相關經歷：

| | |
|---|---|
| 2012.11 - 2013.5 | 以色列國際志工 Kibbutz Samar。 |
| 2014.9 - 2015.4 | 以色列國際志工 Kibbutz Ein Gev。 |
| 2015.7 - 2017.6 | 耶路撒冷希伯來大學主修希伯來語。 |
| 2016 - 2017 | 在以期間曾四度受邀至以色列國會中文-希伯來文-英文翻譯。 |
| 2018.3 | 創辦妥拉坊，推廣希伯來語與妥拉學習。 |
| 2018.3 - 2020.6 | 基督教網路平台:鴿子眼「奧秘之鑰-解鎖妥拉」、「創世奧秘-文字智慧:22 個希伯來語字母解析」主講人。 |
| 2018.12-2020.12 | 以色列聯合呼籲組織台灣分會妥拉講師。 |
| 2019.10 迄今 | 政大公企中心 現代/聖經希伯來語、妥拉講師。 |

## 三、參與講座：

2018.12 以色列教育思維影響力論壇：「踏進人生的應許之地-以色列經驗的個人生命省思」，由迦樂國度文化主辦。

2019.4 妥拉:生命之道 猶太文化藝術展(台南場)，主講「出埃及記文本詮釋及其宗教意涵」由猶沐文化主辦。

2019.9 政大公企中心，「智慧之鑰-希伯來語」。

2019.10 妥拉: 生命之道 猶太文化藝術展 (台北場)，共四場講座:「猶太人的精神食糧:妥拉、猶太人的教育思維、上帝的文字:希伯來語、上帝的行事曆」。由猶沐文化、正義美學主辦。

2020.8 妥拉藝術文化展:共生共存，「奇布茲:以色列志工經歷的省思啟示」。由猶沐文化、正義美學主辦。

妥拉坊自 2018 年 3 月創辦以來，亦不定期自行舉辦希伯來語、及妥拉相關的課程及講座。

# 作者序

由基督教網路平台:鴿子眼策畫,以基督徒的角度來讀妥拉,冀望用深入淺出之方式來介紹妥拉的「奧秘之鑰-解鎖妥拉」這一系列影片拍攝計畫,前後歷時兩年多,從 2018 年 3 月開始至 2020 年 5 月結束。筆者有幸,受邀撰寫該計畫的所有影片腳本 (逐字稿) 的內容,從「創世記、出埃及記、利未記、民數記、申命記」共 54 段妥拉、以及「耶和華的節期」、和「創世奧秘-文字智慧」22 個希伯來文字母解析。以上內容文字,共逾六十餘萬字,拍出 300 多支的影片。

自 2020 年 5 月拍攝結束後,筆者開始將這些文字整理成冊,以待日後出版成書,從創世記、出埃及記、利未記、民數記、申命記、耶和華的節期、和 22 個希伯來語字母解析,共七本書。

讀者拿在手上的這本《奧秘之鑰: 耶和華的節期》就是根據原先拍攝「節期」相關的影片腳本 (逐字稿) 擴充而來,另外也收錄筆者過去幾年來所寫的「節期」相關文章,俾使本書的質量更加豐富。

現在回首,能完成這麼龐大的計畫完全是上帝的恩典,感謝鴿子眼及 Betaesh 的團隊在過去的協作和支持,特別是 Kevin 若沒有你的發起和全力支持,這個計畫是不會發生的、Peter & Jill 若沒有你們堅持到底的精神和堅毅的執行力,在當中居間協調並解決各樣大小問題與狀況,那這個計畫是不可能會完成的、最後感謝元萍的影片後製,若沒有妳精準和過人的細心,這麼大量的希伯來文字卡和希伯來文經文是不可能這麼整齊漂亮的出現在影片上。

也特別感謝愛生協會/以色列聯合呼籲組織台灣分會會長 Richard & Sandy 的邀請,讓鹽光能完整分享兩年的妥拉課程,每次預備分享課程的內容,以及思想咀嚼你們所提出的每個問題時,總能使鹽光更加深對於每段妥拉深入又多面向的思考。

另外,特別感念香港夏達華總幹事黃德光老師的指導,在撰寫腳本期間,您總是願意耐性地看完我內容冗長的文字,並給我方向和激發我做進一步的思考。筆者兩次赴港,去到夏達華聖經文物博物館參訪期間,也承蒙 Amelia,Alison,Henry 等老師的熱情接待與照顧,在此一併致謝。

在拍攝-寫作期間,也感謝不少人默默地給予支持和奉獻,在此特別謝謝 Eva 姐,以及 Steve 哥 & Connie 姐。

非常感謝 林子平女士 和 伯特利實業有限公司 為這套書設計了精美的封面，以及相關繁瑣的印製工作。

最後，感謝我的父、母親，沒有你們全然放手，全然支持我的「以色列信心之旅」那就不會有現在的我，也感謝我的岳父、岳母，寫作期間還特別買了一部筆電讓我能進入高效能地寫作狀態，也特別感謝岳母 洪博士，於百忙中還願意幫女婿校稿。還有我最摯愛的太太 (四個半月前辛苦地把我們的女兒:鍾馨 順利地生出來了)，若沒有妳對我的「不離不棄」和「完全的信任及全部的支持」，這個妥拉拍攝-寫作的如此龐大的計畫是不可能成就的。

感謝上帝，感謝祢的恩典，感謝祢所賞賜的一切。

# 本書架構與說明

本書架構分成兩大部分，第一部分為「**節期總論**」。在「節期總論」中收錄筆者對於節期所做的系統性、原理性、邏輯性思考的相關文章，大部分文字來自《奧秘之鑰-解鎖妥拉:利未記》No.8 妥拉<訴說>篇以及 No.9 妥拉<在西奈山>篇的內容。在「節期總論」裡的這一系列文章中，筆者試圖去闡明耶和華神設立這些節期的 **目的**、**意涵**、及其所帶來的 **效應** 為何，以及這些節期「**背後的邏輯-原理和精神**」是什麼。

本書的第二部分為「**耶和華的節期 / 猶太節期**」[1]，其內容，顧名思義，就是去進一步地介紹耶和華神所設立的「各個節期」，以及其他具有「宗教意涵」的相關節期，並論述和闡明這些節期的「精神和意涵」，及背後所要「帶出的信息」。

節期內容的安排，筆者根據希伯來聖曆的時間順序，以 **尼散月** 為 **第一個月** 所出現的「第一個節期」:**逾越節** 開始，然後依序提到 **五旬節(七七節)**、**聖殿被毀日**、**吹角節**、**贖罪日**、**住棚節**、**光明節**、**普珥節**……等等。

另外，還有一些具有深刻聖經神學意涵的「特別安息日」，例如: **紅母牛 安息日(שבת פרה)**、**正月 安息日(שבת החודש)**、**偉大的 安息日(שבת הגדול)**、**默示的 安息日(שבת חזון)**、**安慰的 安息日(שבת נחמו)**、**悔改的 安息日(שבת שובה)**、**記念 安息日(שבת זכור)**，也都會按照希伯來聖曆的時間順序，穿插在各個節期中，在本書中作詳細的介紹。

最後要提及的是，在各個節期中，以及上述這些特別的安息日，歷世歷代的猶太人也都有「**選讀-伴讀**」的經文段落和特定的書卷[2]，其目的是透過這些「**選讀經文**」的閱讀/伴讀，更深刻地「**對準-理解**」節期中的重要意涵。因為這些選讀

---

[1] 若是在利未記 23 章，由耶和華神「**親自明定**」的節期，在本書中稱之為「**耶和華的節期**」，例如: 逾越節、五旬節、住棚節……等等。此外，若是在以色列民族史上，因著所發生的一些「**重大歷史事件**」對猶太人產生關鍵影響，或帶來巨大效應和後果者而產生出來的節期，本書稱之為「**猶太節期**」，例如: 普珥節、光明節、聖殿被毀日……等等。

[2] 節期及特別的安息日相關「選讀-伴讀」的經文，筆者主要參考 Nosson Scherman. *The Humash-TheTorah, Haftaros and five Megillos with a commentary anthologized from the rabbinic writings.* (חמשה חומשי תורה עם תרגום אונקלוס פרש״י הפטרות וחמש מגילות), Artscoll MesorahPublications. 2016. 以及 Adin Even-Israel Steinsaltz. *The Steinsaltz Humash-Humash T ranslation and Commentary.* (חומש שטיינזלץ עם ביאורו של הרב עדין אבן-ישראל שטיינזלץ), Koren P ublishersJerusalem. 2018. 以及 David H. Stern. *Complete Jewish Bible*. Jewish New Testament Publications .1998. 。詩篇伴讀，見 Rabbi Menachem Davis.*The Book of Psalms with an interlinear translation.* (ספר תהלים שמחת יהושע) The schottenstein editon, Artscoll Mesorah Publications. 2016. Xix. 。另外，節期相關的「新約伴讀」經文段落，則是作者參考幾個權威性的「彌賽亞信徒 (信耶穌的猶太人) 」的網站彙整而來，例如 Hebrew for Christian. , Bibles for Israel and the Messianic Bible Project., First Fruits of Zion 等等。

經文的內容，都和這些節期的意涵和主題「能彼此相互呼應」。

此外，在本書中，讀者也將會看到許多 **QR Code.**(正方形的圖案) 出現在大部分節期文字的標題旁邊。如前文所述，本書原先是一項大型拍攝計畫的一部分，拍攝完成後，這些節期相關內容的影片全數上傳至基督教網路福音平台: 鴿子眼 Youtube 頻道。因此，在本書中出現的「希伯來經文和字詞」，若讀者也想同步學習及聆聽這些**希伯來文**的正確發音，即可用手機來「掃描」這些 **QR Code.** 連結到對應的「節期影片」，和本書一起閱讀視聽。

行文中，若一些「字詞和概念」是筆者欲加強的閱讀重點，這些「字詞和概念」會以「粗體字」作標示。若「一整個段落」是筆者認為的「重點內容」，那這「一整段」的文字會以「淺灰色」全部覆蓋，例如下文:

利未記 23 章，是整本聖經首度、第一次系統性地提到所有「節期」，當提到這些節期的時候，經文乃是: **耶和華神，以「第一人稱」說: 這是「耶和華」我的節期**。利 23:1-2:

『耶和華對摩西說：你曉諭以色列人說：
**耶和華的節期**，你們要宣告為聖會的節期。
(這些就是我的節期)』

## 節期 讀經進度

如前文，節期與妥拉的讀經進度，按猶太人傳統，於一年內會把 54 段妥拉讀畢，而「節期」譬如:逾越節、五旬節、住棚節……等等，也都會有相關的妥拉-先知書-詩篇和其他書卷的伴讀經文，若讀者欲試行一年的節期與妥拉讀經進度，可掃描「**節期 讀經進度**」右邊正方形的 **QR code.** 將妥拉坊的節期與妥拉讀經進度的 **Google Calendar** 嵌入，即可知道每週、每月相關節期的讀經內容。

# 目錄

# I 節期總論

# 一、 「作見證」的節期 [1]

利未記 23 章，是整本聖經首度、第一次系統性地提到所有「節期」，當提到這些節期的時候，經文乃是: 耶和華神，以「第一人稱」說: 這是「耶和華」我的節期。利 23:1-2:

『耶和華對摩西說：你曉諭以色列人說：
耶和華的節期，你們要宣告為聖會的節期。
(這些就是我的節期)』

וַיְדַבֵּר יְהוָה אֶל-מֹשֶׁה לֵּאמֹר. דַּבֵּר אֶל-בְּנֵי יִשְׂרָאֵל וְאָמַרְתָּ אֲלֵהֶם
מוֹעֲדֵי יְהוָה אֲשֶׁר-תִּקְרְאוּ אֹתָם מִקְרָאֵי קֹדֶשׁ
**אֵלֶּה הֵם מוֹעֲדָי**

這裡，中文和合本聖經的翻譯並沒有把希伯來原文 21:2 的最後一句「非常重要」的話給翻譯出來，這句話就是:『 **這些就是我的節期 (אֵלֶּה הֵם מוֹעֲדָי)** 。』 [2]

經文清楚地表明，耶和華神以「第一人稱」說道:『 這些就是 我的 節期 (מוֹעֲדָי)。』

**節期**，希伯來文(מוֹעֵד)，讀音 mo'ed.。節期 (מוֹעֵד) 的組成字根，也就是「後兩個字母」讀音 ed.(עֵד)，意思是:作見證、見證人，英文 witness.

所以，「節期」其中的一個功能就是:『**作見證、成為證人**』，為著耶和華神，從過往到如今，在以色列百姓 (猶太人) 身上「所做的一切偉大的事情」來向世人作見證。

透過節期，得以讓以色列百姓的後代子孫「世世代代」永遠紀念，繼續「**作見證**」，為著耶和華神，和以色列的先祖:亞伯拉罕-以撒-雅各所立的「永恆的盟約」-「**作見證**」，見證這約，至今仍然有效。

首先是耶和華三大節期的第一個「**逾越節**」，這個節期是要紀念並「見證」以色列的先祖們「**親身經歷**」**出埃及、過紅海** 的神蹟奇事，所以先祖們把這個 (史詩般的) 經驗「傳承」給後代子孫，以至現在的猶太人，仍然透過「**逾越節**」，在為出埃及、耶和華神救贖行動「**作見證**」。

---

[1] 本文收錄自《奧秘之鑰-解鎖妥拉:利未記》No.8 妥拉<訴說>篇之第一段文字信息。

[2] 『 這些就是 我的節期/ 我所約定的特定時間 』英文翻成 these are **My appointed times**.

耶和華三大節的第二個:「**五旬節**」,五旬節乃是紀念以色列的先祖們,**在西奈山領受十誡**,「親身經歷、親眼看見、親耳聽到」那雷轟、閃電、號角聲、冒煙的山、密雲、以及 耶和華神說話的聲音。所以先祖們把這 (震撼) 的經歷「傳遞」給後代子孫,以至現在的猶太人,依舊透過「**五旬節**」,來繼續為領受十誡-妥拉來「作見證」。

三大節期的最後一個「**住棚節**」,這個節期是紀念以色列的先祖們,四十年在曠野,「親身經歷」衣食無缺、「親身感受」**耶和華神隨時的「同在、保護,以及引導」**、「親眼看到」會幕的豎立。所以先祖們把這段 (寶貴) 的經歷「傳講」給後代子孫,以至現在的猶太人,仍然繼續透過「**住棚節**」這個節期,為著耶和華神與以色列的「**同住-保護**」這段 (人類歷史上) 特別的時期「作見證」。

是的,「**節期**」就是「作見證」,是為著耶和華神 (從古至今,以至末後) 祂在以色列身上,所曾經做的,以及所將要做的一切關於 (**召聚-回歸-恢復-救贖**) 的事來「作見證」。節期,是「見證」耶和華大能的作為,「見證」耶和華是一位「**信實、守約**」的神,「**永不改變**」的上帝。

申 6:4 的經文:

『聽啊,以色列!耶和華－我們上帝是獨一的主。』

שְׁמַ**ע** יִשְׂרָאֵל: יְהוָה אֱלֹהֵינוּ, יְהוָה אֶחָ**ד**

在 6:4 節的希伯來文當中,幾乎所有抄本,都會把第一個單字「**聽啊**」(שמע) 的最後一個字母(ע) 寫的比較大一點,然後也會把最後一個單字「**獨一、一**」這個字(אחד) 的最後一個字母 (ד) 寫得比其他字母來的大一點。

昔日抄寫五經的文士們之所以會把這兩個字母 (ע) ayin.和 (ד) dalet. 寫的比較大,那是因為,把這兩個字母「合寫」在一起就會成為另一個新的單字 (עד) 這個字就是「**見證者**」,或「**見證**」的意思,英文就是 witness.

因此,這兩個被放大的字母 (ד-ע) 用意是在提醒世世代代的以色列百姓、猶太人,你們要為: **耶和華神是你們「以色列」「獨一的真神」**這件事情來向萬邦列國來「**作見證**」。

「見證」耶和華神在你們這個..人數「極其微小」的以色列民身上,所做的「**偉大奇妙**」的事情。

正是透過「耶和華的節期 **(מוֹעֲדֵי יְהוָה)**」，才使得猶太人可以世世代代<訴說>著耶和華神在歷史上偉大的工作，以至流傳至今，也讓世人一同「見證」著耶和華神，在以色列人身上所施行的榮耀救贖，以及，與祂的百姓所立的「永約」直到今日甚至末後，永不改變。

正如申命記 4:32-34，摩西對以色列百姓所說的：

『你且考察在你以前的世代，自上帝造人在世以來，從天這邊到天那邊，曾有何民 聽見 上帝在火中說話的聲音，像你聽見還能存活呢？這樣的大事何曾有、何曾聽見 呢？上帝何曾從別的國中將一國的人民領出來，用 試驗、神蹟、奇事、爭戰、大能的手，和 伸出來的膀臂，並 大可畏的事，像 耶和華－你們的上帝在埃及，在你們眼前 為你們 所行的一切事 呢？』

כִּי שְׁאַל-נָא לְיָמִים רִאשֹׁנִים אֲשֶׁר-הָיוּ לְפָנֶיךָ לְמִן-הַיּוֹם אֲשֶׁר בָּרָא אֱלֹהִים אָדָם עַל-הָאָרֶץ וּלְמִקְצֵה הַשָּׁמַיִם וְעַד-קְצֵה הַשָּׁמָיִם הֲנִהְיָה **כַּדָּבָר הַגָּדוֹל הַזֶּה אוֹ הֲנִשְׁמַע כָּמֹהוּ. הֲשָׁמַע עָם קוֹל אֱלֹהִים מְדַבֵּר מִתּוֹךְ-הָאֵשׁ כַּאֲשֶׁר-שָׁמַעְתָּ אַתָּה וַיֶּחִי. אוֹ הֲנִסָּה אֱלֹהִים לָבוֹא לָקַחַת לוֹ גוֹי מִקֶּרֶב גּוֹי בְּמַסֹּת בְּאֹתֹת וּבְמוֹפְתִים וּבְמִלְחָמָה וּבְיָד חֲזָקָה וּבִזְרוֹעַ נְטוּיָה וּבְמוֹרָאִים גְּדֹלִים** כְּכֹל אֲשֶׁר-עָשָׂה לָכֶם יְהוָה אֱלֹהֵיכֶם בְּמִצְרַיִם לְעֵינֶיךָ

## 二、 節期的功能 [1]

> 『耶和華 專愛你們，揀選你們，並非因你們的人數多於別民，
> 原來 你們的人數 在萬民中「是最少的」。
> 只因 耶和華愛你們，又因要「守祂向你們列祖所起的誓」，
> 就用大能的手領你們出來，
> 從為奴之家救贖你們脫離埃及王法老的手。』申命記 7:7-8

> לֹא מֵרֻבְּכֶם מִכָּל-הָעַמִּים חָשַׁק יְהוָה בָּכֶם וַיִּבְחַר בָּכֶם
> כִּי-אַתֶּם הַמְעַט מִכָּל-הָעַמִּים.
> כִּי מֵאַהֲבַת יְהוָה אֶתְכֶם וּמִשָּׁמְרוֹ אֶת-הַשְּׁבֻעָה אֲשֶׁר נִשְׁבַּע לַאֲבֹתֵיכֶם
> הוֹצִיא יְהוָה אֶתְכֶם בְּיָד חֲזָקָה
> וַיִּפְדְּךָ מִבֵּית עֲבָדִים מִיַּד פַּרְעֹה מֶלֶךְ-מִצְרָיִם

世界歷史，也同樣向我們表明這件事實，那就是：**以色列在歷史上，從未成為一個「大帝國」，進行大肆「擴張」和無止境地「侵略」，正好相反，以色列反而是成為眾多強權「帝國」，燒殺擄掠的對象**，從 埃及帝國、亞述帝國、巴比倫帝國、波斯帝國、希臘化大帝國、羅馬帝國、阿拉伯帝國、鄂圖曼土耳其帝國、大英帝國……。

這些帝國大多橫跨歐、亞、非三洲，並且稱霸一方，不可一世。

但是兩千多年後，這些人類歷史榜上有名的「超級帝國」，都走入「歷史的塵埃」中，灰飛煙滅，不復存在。

而經歷國破家亡，被趕散流離的 (這一小小撮人) 猶太人，在過了兩千多年這麼長時間的歷史發展，卻還能「奇蹟」似地，再次回到故土，建立自己的國家、擁有自己的政府、說著自己的母語:希伯來語，訓練自己的軍隊保家衛國，這對「**浪跡天涯、流離失所**」這麼久、這麼長時間的猶太人，意味著什麼呢？ 或者我們要問的是，這是如何能成就的呢？

其實，對這一群經常「漂泊遷徙」的以色列百姓，這些，有著許多「居無定所」-「流亡」經驗的猶太人來說，他們對於看重附著於「空間」，或者說「土地」是比較少的，因為畢竟猶太人「被趕散」到世界各地，這個民族「散居」四處，沒有自己的家園和土地，已經有很長的一段時間，因此，對於猶太人來說，他們看

---

[1] 本文收錄自《奧秘之鑰-解鎖妥拉:利未記》No.8 妥拉<訴說>篇之第二段文字信息。

重「時間」更甚於土地-空間。

所以，回顧以色列的民族史，那就會發現到，猶太人沒有被同化、或是最後走向衰亡，這是因為，在以色列這個獨特的信仰社群中，有一個「被約定好」的時間(appointed times)、一個需要被「對準-對齊」的時間和曆法，就是「耶和華的節期」，這個「神聖時間表」扮演了一個非常重要的角色。

譬如說，散居在「世界各地」的猶太人，不管是住在俄羅斯、英國、德國、法國、美國、加拿大、巴西、墨西哥，或是非洲的摩洛哥、利比亞、突尼西亞、衣索比亞……等等，只要 耶和華的節期 一到，例如在尼散月的「逾越節」到了，全球各地的猶太人就會「對準-對齊」這個時間來過節，紀念以色列百姓出埃及。到了聖曆的第三個月，也就是西灣月，世界各地的猶太人又會「對齊」這個時間，一同慶祝「五旬節」，來紀念以色列人在西奈山領受十誡和妥拉。來到聖曆的第七個月，散居各地的猶太人同樣也是會「對準」時間，來過「吹角節、贖罪日 和住棚節」。

上文我們所說的，其實描繪出一幅很特別的圖像，就是: 儘管猶太人「被趕散-流亡」到了「不同」的地方，但卻會在「同一個時間點」上「對準-對齊」一個時間表，那就是:「耶和華的節期」。

是的，就是這個「時間」系統，這個「耶和華的節期」，它所具有的「呼召-凝聚」和「對齊-對準」的功能，所以才使得流亡四處、國破家亡的猶太人，還能繼續持守自己的信仰、文化和傳統。簡單說，猶太人雖然沒有土地，但是他們知道，要「繼續對準」神的時間。因為「這個時間」，這個節期是耶和華神「親自設立」的。利 23:1-2:

『耶和華對摩西說:你曉諭以色列人說:
耶和華的節期，你們要宣告為 聖會的節期。這些 就是我的節期 。』

經文中說的這個「聖會的節期」(מִקְרָאֵי קֹדֶשׁ)，白話的翻譯就是 神聖的「呼召-召集」，英文就是 holy convocation, holy assembly. 用一個具體的畫面來描繪這個「神聖的召集」，這就好比說:逾越節到了，有人就拿著鑼、拿著鈸，出去外面敲鑼打鼓，四處遊街，大聲喊著說:『耶和華的節期到了，逾越節要來了，請大家「預備好時間」，「準時」過節喔….』大概就像是這個樣子。

所以說，節期具有一種能夠讓全體百姓「聚集一處」、全國「總動員」的功能，關於這點，直到現在的情況仍然是如此，現在的以色列，每到三大節期:逾越節、五旬節和住棚節的時候，海外猶太人「回歸-回到」以色列「過節」的人潮非常非常的多。

**節期** 所具有的這種「召集、對齊、凝聚、統一」的功能，其實從「節期 (מוֹעֵד)」這個字的字根(יעד) 來看，就會非常清楚了，底下我們來看看幾個有(יעד)這個字根的單字：

1. **יָעַד** （目標、目的地）
2. **יָעַד** （指定、命定）
3. **עֵד** （見證人、證人）
4. **עֵדוּת** (證物、法版) 出 25:16
5. **עֵדָה** （會眾、特定的社群）
6. **אֹהֶל מוֹעֵד** （會幕）

以上，從這幾個都共享著(יעד)這個字根的單字當中，我們可以得出以下的結論，就是，所謂的「**節期**」：就是一群擁有「**同一目標**」的信仰社群或團體，他們為著「**共同的使命-呼召**」，會在「**特定的時間**」、在確切的地點，**聚在一處**，來「**一同見證**」著，從過去到現在，所經歷的一切所有「**集體民族**」的神聖經驗。這個就是節期:「耶和華節期」的一個豐富完滿的意涵。

最後也來談一下耶穌，我們看到，在福音書的許多記載裡面，耶穌在世為人也是「過節期」的，過父神「**耶和華的節期**」，甚至耶穌也會「**對準**」節期 來教導百姓，帶出針對這個節期的信息。

耶穌來到世上「道成肉身」的救贖工作，完全就是以「**耶和華的節期**」為中心所開展出來的。

馬太福音 26:2，耶穌說：『你們知道，過兩天是 **逾越節**，人子將要被交給人，釘在十字架上。』

『你們既是無酵的麵,應當把舊酵除淨,好使你們成為新團;因為我們 **逾越節** 的羔羊基督(彌賽亞) 已經被殺獻祭了。』哥林多前書 5:7

上面這兩處經文，清楚地表明:耶穌是「**逾越節**」被殺的羔羊，這是因為，按照父神耶和華的時間計畫表，耶穌需要在「**逾越節**」受難。

再來，耶穌在「**初熟節**」復活，所以耶穌乃是成為『睡了之人 **初熟的果子**』林前 15:20

最後，耶穌升天前囑咐門徒，要在耶路撒冷等候父神在「五旬節」將聖靈澆灌下來。使徒行傳 1:4

使徒行傳接下來的經文記到，使徒行傳 1:6-7：『他們 (門徒) 聚集的時候，問耶穌說：主啊，你 復興-以色列國 就在「這時候」嗎？耶穌對他們說：父(神耶和華) 憑著自己的權柄 所定的時候、日期，不是你們可以知道的。』

耶穌上十字架、流血、然後「三天後」死裡 復活，這就好像是 20 世紀的猶太人，在經歷歐洲的集中營-大屠殺，直到 1945 年二次大戰結束，但是這個被殘害殆盡、經歷「死亡」的猶太民族，卻在「三年後」的 1948 年復國。

是的，在耶穌升天後的兩千年，21 世紀的我們，都一同見證了以色列的「回歸-召聚-總動員」的偉大時代，而這個，就是「節期」的真諦。

## 三、 以神為中心 [1]

在妥拉 (摩西五經) 當中，除了(**מוֹעֵד**) [2] 這個字是用來指涉「**節期**」之外，另外還有一個非常重要的字，也是「節期」的意思，這個字就是(**חַג**)，英文翻譯 holiday 或 festival. ，每當逾越節、五旬節，或住棚節的節期來到時，猶太人就會互道「節期快樂」(**חַג שָׂמֵחַ**)。

**節期** (**חַג**) 這個字，在整本妥拉中第一次出現的地方，是在出埃及記 5:1 這節經文，是耶和華首次吩咐摩西和亞倫，要去見法老，並對法老說: 讓以色列百姓離開埃及，出埃及記 5:1：

『耶和華以色列的上帝這樣說：容我的百姓去，在曠野 **向我守節/ 為我放假。**』
כֹּה-אָמַר יְהוָה אֱלֹהֵי יִשְׂרָאֵל שַׁלַּח אֶת-עַמִּי **וְיָחֹגּוּ לִי** בַּמִּדְבָּר

這裡我們看到這個「**向我守節**」，或者更白話一點的翻譯就是「**為我放假**」，希伯來文就是(**וְיָחֹגּוּ לִי**)，這裡的動詞 (**יָחֹגּוּ**) **歡慶 celebrate**，它的字根(**חָגַג**)，當名詞的時候，就是我們剛剛前面已經說過的「**節期**」(**חַג**) 這個字。

稍微回顧一下出埃及記，在出埃及記前面，我們看到耶和華神在做的一件事情，就是，祂要祂的百姓:以色列「**離開**」埃及，要「**脫離**」這個以法老為主人，以埃及這個「**為奴生活**」為主的「作息時間表」，耶和華神這個時候要以色列百姓來個「**全國大罷工**」，不要再為那位象徵「罪惡」的王:法老，和埃及帝國繼續「做苦工」。所以，耶和華神要以色列人「**向神守節**」，或者，用我們剛剛前面白話的翻譯，就是「**為神放假**」，目的是要以色列百姓出埃及「**得自由**」。

所以，「**節期**」在妥拉第一次出現時，它指的其實就是一個「**假期**」和「**慶典**」，這個假期和慶典乃是要「**慶祝**」以色列的「**出埃及**」，也就是以色列的「**重生**」。

簡單來說，以色列百姓「**出埃及**」，乃是意味著他們要來進行一場「**無限期**」的罷工「**假期**」，因為耶和華神這個時候在西奈山，準備要等著和祂的百姓「**相認**」，耶和華神等著要見到這個「**出埃及**」-「**重生的**」以色列，所以這個**相認**，當然會以「**歡慶的節期**」被呈現出來。

---

[1] 本文收錄自《奧秘之鑰-解鎖妥拉:利未記》No.8 妥拉<訴說>篇之第三段文字信息。

[2] **節期** (**מוֹעֵד**) 這個字第一出現是在創世記 1:14『上帝說:「天上要有光體，可以分晝夜，作記號，定 **節令**(**מוֹעֲדִים**)、日子、年歲，』

因此，以紀念「**出埃及**」為主題的節期「**逾越節**」被放在耶和華節期當中的「**第一個**」節期，這就很好理解了，因為「**逾越節**」乃是一個標誌靈裡「**重生**」的節期，以色列百姓靈命真正的「**生日**」，這個生日就是以「**出埃及**」的那個月開始計算的。因此，出埃及的這個月:尼散月(**ניסן**)，這個充滿 神蹟奇事(**נס**) 的月份，就被耶和華神定為「**正月**」，也就是「**第一個月**」了。就是出埃及 12:2 說的:

『你們要以本月為 正月，為一年之 首。』
הַחֹדֶשׁ הַזֶּה לָכֶם **רֹאשׁ חֳדָשִׁים רִאשׁוֹן** הוּא לָכֶם לְחָדְשֵׁי הַשָּׁנָה

以色列百姓的「**出埃及**」，脫離為奴之地和靈裡「**重生**」，這乃是耶和華神定意要做的事，也就是說，要讓以色列「**罷工**」，不繼續為法老做苦力，要讓以色列百姓「**放假**」得以休息和自由的乃是耶和華神。因此，**耶和華的節期** 乃是「**為以色列百姓**」所設立的，這就是出埃及記 10:9 節的經文所說的:

『我們要和我們老的少的、兒子女兒同去，且把羊群牛群一同帶去，
因為 **我們務要向耶和華守節/ 耶和華的節期是為我們 (設立的)**。』

經文最後一句說的:『**我們務要向耶和華守節**』，希伯來文(**חַג-יְהוָה לָנוּ**) 更直白的翻譯就是:耶和華的節期是為我們 (設立的)，英文 **The Festival of Jehovah is for us**

出埃及記 10:9 經文這裡出現的「**節期**」(**חַג**) 這個字，前文已述，是一個很重要的希伯來字，(**חַג**)這個字它的字根(**חוג**)當動詞的時候，就是「**繞圈圈**」-「**轉圓圈**」的意思。
所以，當耶和華神對以色列百姓說『要向我守節』的時侯，這個所守的「**節期**」指的就不只是「**一個**」節期而已，而是「**一整套**」的節期，用一個比較形象化的語言來說，『要向我 (耶和華神) 守節』，其實就是: 以神為中心「**繞圈圈-轉圓圈**」。

因此，把神「**放在中心/圓心**」，或者講得更具體 把「**神的時間**」放在中間，以此畫出一個「時間的圓圈」，那麼我們就會依序畫出:以正月為首的逾越節、第三個月的五旬節、第七個月的吹角節、贖罪日和住棚節。這個就是一年份「**一整套**」的 耶和華節期。

是的，耶和華神之所要把以色列百姓領出埃及，目的就是要他們得著「真自由」，得著「重生」，重新取得一個「新的身分」。他們現在是耶和華神「長子」的身分、重新取得一個「新生命」，因為他們準備要去西奈山領受聖法，成為「祭司」的國度、「聖潔」的子民、並且也重新安裝一套「**新的曆法**」，一套「**成聖生活**」的時間作息表，就是「**耶和華的節期**」。

## 四、 節期的獻祭 [1]

在民數記 28-29 章這一份這麼長的「**獻祭**」總表清單中，我們注意到，這些獻祭，都跟「**節期**」有密切關係。在利未記第八段<訴說>篇妥拉中，筆者很細地去討論，為什麼耶和華神會這麼看重「祂自己的節期」[2]，以至於，現在來到民數記 28-29 章這裡，還進一步的去提醒、去要求以色列百姓，**要在耶和華的節期「獻祭」**。

在民數記 28-29 章中，我們依序會看到，耶和華神其實就是在要求以色列人，在**每天、每週、每月、每個重要節期、每年，都要不斷地獻祭、不停地獻祭**。

如果按照經文的排序我們會看到:

**每日**: 早晚獻的常祭 (民 28:3-8)
**每週**: 安息日的獻祭 (民 28:9-10)
**每月**: 月朔獻祭 (民 28:11-15)
再來就是 各個「**節期**」的獻祭
**逾越節** (民 28:16-25)
**七七節** (民 28:26-31)
**吹角節** (民 29:1-6)
**贖罪日** (民 28:7-11)
最後則是這個預表彌賽亞國度來臨，盛大隆重的 **住棚節** (民 28:12-38)

這麼多的「**節期**」，這麼多的「**獻祭**」，重點在哪裡，重點就是，我們各人來到這位大君王的萬軍之耶和華面前的時候，不可以雙手空空的，這就是申命記 16:16-17 所說的:

『你一切的男丁要在除酵節、七七節、住棚節，一年三次，在耶和華－你上帝所選擇的地方朝見他，**卻不可空手朝見**。各人 **要按自己的力量，照耶和華－你上帝所賜的福分，奉獻禮物。**』

再來，這些「**節期的獻祭**」乃是要百姓們記念，他們之所以能「前進迦南-得地為業」是因著耶和華神的「**守約**」，以及 **恩典**，所以申命記 9:4-6 這樣說:

---

[1] 本文收錄自《奧秘之鑰-解鎖妥拉:民數記》No.8 妥拉<非尼哈>篇之第五段文字信息「恆常的獻祭」。
[2] 詳見《奧秘之鑰-解鎖妥拉:利未記》No.8 妥拉<訴說>篇。

『耶和華－你的上帝將這些國民從你面前攆出以後，你心裏不可說：『耶和華將我領進來得這地是因我的義。』其實，耶和華將他們從你面前趕出去是因他們的惡。你進去得他們的地，**並不是因你的義**，也不是因你心裏正直，乃是因這些國民的惡，耶和華－你的上帝將他們從你面前趕出去，又因 **耶和華要堅定他向你列祖亞伯拉罕、以撒、雅各起誓所應許的話**。你當知道，耶和華－你上帝將這美地賜你為業，**並不是因你的義**；你本是硬著頸項的百姓。』

以色列百姓需要「每日、每週、每月、每年的 各節期」獻祭，目的是要他們 時常紀念耶和華神，正如申命記 8:18 說的：

『**你要記念耶和華－你的上帝**，因為 **貨財的力量是他給你的**，為要 **堅定** 他向你列祖 **起誓所立的約**，像今日一樣。』

# 五、 「七」與「誓約」[1]

『六日要做工，**第七日** 是聖安息日，當有聖會；
你們甚麼工都不可做。
這是在你們一切的住處 向耶和華 守的 安息日。』利 23:3

在所有時間的「計算」單位中，除了一週「七」天的計算之外，其他的諸如像是：**年、月、日**，計算的根據都是來自於「自然界」的星球彼此之間「物理運動」所造成的距離而計算出來的。

首先講「**年**」， 一年 365 天，主要的根據是因為地球「繞太陽公轉」的時間，約莫是 365 天的緣故。

再來，「**月**」，一個月的時間有 30 天左右，這是因為月的「滿盈和虧缺」的一個完整循環是 30 天。

那麼「**日**」，也就是「一天」24 小時的的概念怎麼來？ 那是因為「地球自轉」的時間是 24 小時。

最後，要問的是「**週**」，一週 七天 的時間是怎麼來？ 它有根據什麼自然定律嗎？答案是：沒有，只有一週「七」天時間的計算，它是「非自然的」，或者說是「超自然的」。創世記 2:2-3：

『到 第七 日，神造物的工已經完畢，
就在 第七 日歇了他一切的工，**安息**了。
神賜福給 第七 日，**定為聖日**；
因為在這日，上帝歇了他一切創造的工，就 安息 了。』

וַיְכַל אֱלֹהִים בַּיּוֹם הַ**שְּׁבִיעִי** מְלַאכְתּוֹ אֲשֶׁר עָשָׂה
**וַיִּשְׁבֹּת** בַּיּוֹם הַ**שְּׁבִיעִי** מִכָּל-מְלַאכְתּוֹ אֲשֶׁר עָשָׂה.
וַיְבָרֶךְ אֱלֹהִים אֶת-יוֹם הַ**שְּׁבִיעִי** **וַיְקַדֵּשׁ** אֹתוֹ
כִּי בוֹ **שָׁבַת** מִכָּל-מְלַאכְתּוֹ אֲשֶׁר-בָּרָא אֱלֹהִים לַעֲשׂוֹת

正如上面創 2:2-3 這兩節經文所表明的，一週之所以被設定為「七」天，其實正是印證-證明了：耶和華神用「七」天完成世界的「**創造**」，並且讓第「七」天被

---

[1] 本文收錄自《奧秘之鑰-解鎖妥拉:利未記》No.8 妥拉<訴說>篇之第四段文字信息。

因此，很特別的是，**這個代表「完全-神聖」的這個數字：「七」**，也就成為了「耶和華節期」和一些其他相關「時間」曆法和聖法的一個基數，我們可以從最小的單元開始來說，譬如：

1. 在第「七」天的 **安息日**、
2. 為期「七」天的節期：**逾越節、住棚節**、
3. 從逾越節的隔日開始數「七」個安息日的俄梅爾就會來到的 **五旬節**、
4. 三個被安置在聖曆「七」月的重要節期：
   七月初一**吹角節**、七月初十 **贖罪日**，七月十五開始的 **住棚節**、
5. 然後，有第「七」年的 **安息年(שְׁנַת שְׁמִטָּה)**:這一年土地必須要休耕，而且奴隸會被無條件釋放。
6. 最後則是有滿了「七」個安息年之後的第五十年的「**禧年 (יוֹבֵל)**」: 禧年除了土地休耕、奴隸釋放，還會有大規模的社會經濟及結構的變動，和財富重新調整，也就是「產業」會「各歸本家」。

以上，我們可以很清楚地看到，**耶和華神是如何地透過「七」這個數字，或者說透過「安息日」來建構，並「逐步擴大」所有的節期和時間聖法**：從安息日開始、擴大到「節期」包括：逾越節、五旬節、吹角節、贖罪日、住棚節，然後「再向上擴大」的安息年，最後則是「擴展至」影響層面最大的禧年。

接著來看看「七」這個字的希伯來文，七 (שֶׁבַע) 這個字的「字根」正如它本身的字母組成 (ש.ב.ע)，也出現在具有「七」日的「**一週**」a week.(שָׁבוּעַ) 這個單字裡，前文提到，只有「**一週七天**」的時間計算「不是根據」任何自然律所制定出來的。

再來是「**誓約 (שְׁבוּעָה)**」和「**起誓 (נִשְׁבַּע)**」的這個動詞，裡面都有 (ש.ב.ע) 的字根在裡面，

來看創世記 26:3，這節經文是耶和華神對以撒說的一段話：

『因為我要將這些地都賜給你和你的後裔。
我必堅定這個 誓約，就是 我向 你父亞伯拉罕 所起的誓。』

כִּי-לְךָ וּלְזַרְעֲךָ אֶתֵּן אֶת-כָּל-הָאֲרָצֹת הָאֵל
וַהֲקִמֹתִי אֶת-הַשְּׁבֻעָה אֲשֶׁר נִשְׁבַּעְתִּי לְאַבְרָהָם אָבִיךָ

在上面這節經文中我們看到「**誓約 (שְׁבֻעָה)** 」[2] 和動詞「**起誓 (נִשְׁבַּעְתִּי)** 」[3]，這兩個字，正如剛才提過的，裡面都有「**七 (שֶׁבַע)** 」的這個字根在裡頭。因為，在希伯來文，「七」和「誓約」有著極密切的關係。

因為耶和華神正是透過第「七」天的「安息日」，還有那些以「七」為基數的「耶和華節期」和以色列百姓「起誓-立約」，並且「見證」著祂與祂的子民:以色列的「永恆盟約」的關係。出埃及記 31:16-17：

『故此，以色列人要守 安息日，
他們要世世代代守 安息日，為 永遠的約(בְּרִית עוֹלָם)。
這是 我和以色列人 永遠的證據(אוֹת)；
因為六日之內耶和華造天地，
第七日 便 安息 舒暢。』

וְשָׁמְרוּ בְנֵי-יִשְׂרָאֵל אֶת-הַשַּׁבָּת
לַעֲשׂוֹת אֶת-הַשַּׁבָּת לְדֹרֹתָם בְּרִית עוֹלָם.
בֵּינִי וּבֵין בְּנֵי יִשְׂרָאֵל אוֹת הִוא לְעֹלָם
כִּי-שֵׁשֶׁת יָמִים עָשָׂה יְהוָה אֶת-הַשָּׁמַיִם וְאֶת-הָאָרֶץ
וּבַיּוֹם הַשְּׁבִיעִי שָׁבַת וַיִּנָּפַשׁ

透過出埃及記 31:16-17 這兩節的經文，讓我們清楚地看到，耶和華神透過第「七」天的 安息日，把祂自己與以色列所立的「誓約-永約」關聯到「大地的創造」與「自然律的運轉」，這就如先知耶利米所說的，耶利米書 31:35-36：

『耶和華如此說:
那使太陽白日發光，使星月有定例，黑夜發亮，又攪動大海，使海中波浪匉訇的，
萬軍之耶和華是祂的名。
祂如此說：這些定例若能在我面前廢掉，
以色列 的後裔也就在我面前 斷絕，永遠不再成國。』

כֹּה אָמַר יְהוָה
נֹתֵן שֶׁמֶשׁ לְאוֹר יוֹמָם חֻקֹּת יָרֵחַ וְכוֹכָבִים לְאוֹר לָיְלָה רֹגַע הַיָּם וַיֶּהֱמוּ גַלָּיו
יְהוָה צְבָאוֹת שְׁמוֹ.
אִם-יָמֻשׁוּ הַחֻקִּים הָאֵלֶּה מִלְּפָנַי נְאֻם-יְהוָה
גַּם זֶרַע יִשְׂרָאֵל יִשְׁבְּתוּ מִהְיוֹת גּוֹי לְפָנַי כָּל-הַיָּמִים

---

[2] 創世記 26:3 中「**誓約 (שְׁבֻעָה)**」這個字是用「不完全拼法」。
[3] 創世記 26:3 的「**起誓 (נִשְׁבַּעְתִּי)**」動詞是「第一人稱單數完成式」的型態。

# 六、 安息日 [1]

馬可福音 2:27-28，耶穌說：

> 『**安息日 是 為人設立的**，人不是為安息日設立的。
> 所以，人子是安息日的主。』

出埃及記 35 章到 40 章，是摩西<招聚>以色列百姓，要來一起建造會幕，並且把會幕豎立起來的內容，但一開始提及的事項，卻不是關於會幕，而是 安息日。
出埃及記 35:1-2：

> 『摩西<招聚>以色列全會眾，對他們說：
> 「這是耶和華所吩咐的話，叫你們照著行：
> 六日要做工，第七日乃為聖日，**當向耶和華 守為 安息聖日**。』

這表示說，就算「蓋會幕」這件事為當務之急，是以色列百姓此時引領期盼，滿心期待所要做的「聖工」，但是，當遇到 安息日 時，仍然要放下建造的工作，進入到 安息、休息 的狀態中。所以，**守安息日，進入到 與神同在的休息**，乃是建造會幕，參與聖工的一個大前提。

因為，**安息日** 代表耶和華神在六日的創世之工完成後，第七日的 **歇息**，是神的 **安息** 和 **舒暢**。我們可以想像一個 (擬人化的) 畫面，神在第七日，坐在躺椅上，怡然自得的，安靜地欣賞祂所精心創造和設計的宇宙萬物。

所以，**守安息日，乃是 紀念耶和華神的創造，承認祂，是大地世界的主宰，一切都是藉由耶和華神所創造的**。因此，安息日，乃是對於耶和華神，祂的真實存在，以及偉大創造的 **見證**，所以，就這點來說，安息日當然比會幕的建造還重要，因為，對於神的權柄認可，這乃是服事神的一個先決條件。這是第一個重點。

第二點、**安息日** 的優先性在於，它是耶和華神和以色列百姓 **立約** 的 **一個記號和憑證**。[2] 如果說，以色列在西奈山領受十誡，也就是這兩塊法版是耶和華神給以色列的 **一份婚約**，那麼，**安息日** 就是耶和華神給他們的 **一只婚戒**，是要以

---

[1] 本文收錄自《奧秘之鑰-解鎖妥拉:出埃及記》No.10-11 妥拉<招聚、總數>篇之第四段文字信息「安息日為先」。

[2] 耶和華神和以色列「立約的證據、記號」，除了 安息日 之外，還有另一個「肉體上的記號」，就是 **割禮**，同參《奧秘之鑰-解鎖妥拉: 創世記》No.3 妥拉<離去>篇之第五段「作為記號的割禮」、《奧秘之鑰-解鎖妥拉: 利未記》No.4 妥拉<懷孕>篇之第五段「割禮的盟約」。

色列人世世代代都戴著這顆結婚鑽戒，用來向其他人表明，我們是一群跟耶和華有「**永恆盟約**」的人，我們是專屬於耶和華神的。出埃及記 31:12-13：

『耶和華曉諭摩西說：「你要吩咐以色列人說：
『你們務要守 我的安息日；
因為這是你我之間世世代代的「**證據/記號、標記 sign (אוֹת)**」，
使你們知道 我－耶和華 是叫你們成為聖的。』

另一處經文在出埃及記 31:16-17：

『故此，以色列人要世世代代 守安息日 為 永遠的約 (בְּרִית עוֹלָם)。
這是我和以色列人 永遠的證據 (אוֹת הִוא לְעֹלָם)；
因為六日之內耶和華造天地，第七日便安息舒暢。」』

<u>第三點、**安息日** 是一個 **賜福** 的日子，創世記 2:3：</u>

『上帝 **賜福 (וַיְבָרֶךְ)** 給第七日，定為聖日；
因為在這日，上帝歇了他一切創造的工，就安息了。』

以色列百姓後來出埃及、過紅海，來到曠野時，第一個學習的誡命就是 安息日，他們過去在埃及是一群永無休止、不斷勞動的奴隸，在過往的經驗中，他們認為，生活必須要流汗流血的困苦工作，才能勉強餬口，得一口飯吃。但現在，耶和華神要讓他們在曠野經歷到 安息日 的 賜福。

以色列百姓正好就是在曠野這樣困難的環境中，首次體驗和經歷到 安息日 的神蹟，因為在第六天，神會供應「**雙倍**」的糧食(嗎哪)，讓百姓在第七天可以不用出門去勞動，去找東西吃，這樣就可以讓他們在第七日(安息日)的時候，好好在家裡，和家人一起休息，也一同向耶和華守安息日，「**見證**」安息日 真實的恩膏和祝福。詩篇 46:10-11：

『你們 **要休息**，要知道我是神！
我必在外邦中被尊崇，在遍地上也被尊崇。
**萬軍之耶和華** 與我們同在，**雅各的神** 是我們的避難所。』

耶穌說：『我來是要讓人 **得生命**，並且得的 **更豐盛**。』[3] 耶穌是安息日的主，因此 安息日 背後真正的精神，乃是要我們 **領受祝福**，讓勞碌的生命 **得修補、得醫治、得恢復** 的時刻和狀態，這就是神對我們真正的心意。

---

[3] 約翰福音 10:10。

神不要我們為了服事而服事，為了做工而做工，今天，如果因為我們在教會的侍奉，一天到晚都跑教會，小組、開會、同工訓練、禱告會……等等，卻忽略自己的靈命、自己的家庭、搞到最後，讓你疲憊不堪，使你靈命受虧損、受傷，家庭關係出問題，人際關係撕裂，那麼，這樣的服事，並不是神要的，你必須停止。

你必須要趕快回到神給你的安息日當中，讓你進入到 與神親近的同在 中，**使你的靈命被充電**。因為 安息日，乃是要讓我們的生命 得修復、得建造，是要讓我們 重新得力 的。

所以，當我們每一位，無論是在週間或主日，馬不停蹄地在參與教會各樣的聖工和服事時，你要常常問問你自己，我有沒有錯失了那個，每週應該要 與主親密、自己安靜 的 安息日，我有沒有把這樣的時間保留下來，分別出來？

耶和華神之所以要摩西把 安息日 擺在首位，甚至是放在建造會幕的這項聖工「之前」，用意就是要向以色列表明：只有當你們每一位，都可以真正地進入到安息日，那 與神親密同在、靈命健康 的狀態，並且 心裡都尊主為大、順服神的權柄和旨意 時，你們也才能 彼此同心合一，照著神的吩咐和命令，來作主的工作，完成祂所託付的聖工。這點是非常重要的。

## 七、 節期架構的「擴大」[1]

在利未記 23 章，我們看到，經文首度系統性地把所有「**耶和華的節期**」羅列出來：

從最小單位，**每週** 第「七」日開始有的「**安息日**」，然後有 **每個月** 的「**月朔**」，再來有 **不同月份** 出現的「**節期**」:包括正月的「逾越節」要守節「七」天，第三個月的「七七節」，以及三個被放在 七 月的重要節期: 吹角節、贖罪日，和同樣也要守節「七」日的住棚節，以上這些就是「**一年份**」所有會出現的「**耶和華節期**」和相關聖日。

來到利未記 25 章，我們看到有兩個「時間距離」被「放大」的節期架構，一個就是「**安息年**」，另一個就是「**禧年**」。

「**安息年**」就是過完六個「年份」的耶和華節期，來到第「七」年，這一年就會被「分別出來」，成為「**聖安息年**」。

接下來節期的「時間架構」再「擴大」上去的這個聖曆，就來到「**禧年**」，「禧年」就是滿了「七」個安息年，也就是「七個七」年，共四十九年之後的第五十年，這一年會被分別出來，稱為「**聖年**」和「**禧年**」。

讓我們再從上往下看，看一下這個節期「架構擴大」的發展圖表 [2]：

從每「週」的安息日、每個「月」初一的月朔，到「不同月份」的「節期」，有正月的逾越節、三月的七七節、七月的吹角節、贖罪日和住棚節。接著就來到「安息日」的「擴大版」:每七年一次的「**聖安息年**」以及最後「七七節」的「放大版」:要數七個七年也就是 49 年之後的第五十年的「**禧年**」。

這裡，我們看到，以上這些節期和聖曆，其實全部都是以「七」這個數字為基數，向上形塑和架構出來的，也就是說，所有耶和華節期和聖曆，基本上都可以回到「七」這個代表神，祂的「**創造-主權-神聖-完全**」的數字。

「七」，或者我們說「**安息日**」，就是代表耶和華神「**制定一切-統管萬有**」的主權象徵，所以透過「七個七」的數算，這就好像是讓耶和華神對全地的一個主權，

---

[1] 本文收錄自《奧秘之鑰-解鎖妥拉:利未記》No.9 妥拉<在西奈山>篇之第四段文字信息。
[2] 見本段文本的 youtube 信息影片，請掃描本文標題旁邊的 **QR Code**。

有一種「不斷疊加」上去的一個「上行-升高」的過程。

所以 七七節 (五旬節) 是由計算「七個七」,「七個-聖安息日」而漸次累積「數點-計算」出來的節期,因為這個節期,就是紀念以色列百姓<在西奈山>領受十誡和妥拉,並願意將自己「生命主權-全然歸給」神,「完全承認」神的主權 的一個重大節期。

同樣的,透過第「七」年的「安息年」,以色列百姓還要 將「土地的主權」全然交給神,在聖安息年,他們有一整年都不能在土地上做任何的耕作,這是要讓他們清楚意識到,人不是土地的主人,土地乃是屬於耶和華神的。

再數七個七,累積出「七個-聖安息年」之後,就來到「禧年」,這一年的影響層面就更廣泛了,因為禧年除了土地不能耕作之外,還會有一個人事、土地和產業的「大調動、重新分配」,原先是被賣的產業土地會「回到」原主人的手中,個人(原來是被賣為奴的,會被釋放) 也會「回到」本家。

其實,仔細去看耶和華神對這些「節期和聖曆」的設計,那麼我們會發現到,這些節期和曆法乃是要給百姓帶來「祝福、恩膏」,甚至是「公平和正義」的。

耶和華神設立「節期」的目的,是要我們我們「不斷回到」七 的「循環和結構」當中,因為「七」乃是代表「創造、完成、豐滿、次序」。所以,節期具有一種「重整-調度-修復」的功能。

從利未記這個節期「架構擴大」的經文發展,也讓我們知道,這個耶和華神頒布給以色列百姓的<成聖>時間表,不是只有一天、一週、一個月、一年、神是將這個<成聖>時間表拉長到七年,甚至是五十年。

這就告訴我們一個很重要的真理,就是我們各人<成聖>的時間不會是只有一天、一個禮拜、一個月、一年,沒有,神要我們持續<成聖>直到七年,甚至是延續到我們的大半生,五十年的時間,我們都要<成聖>,直到我們見主面為止,就如同保羅說的:

『那美好的仗我已經打過了,當跑的路我已經跑盡了,所信的道 我已經守住了。從此以後,有公義的冠冕為我存留,就是按著公義審判的主到了那日要賜給我的;不但賜給我,也賜給凡愛慕他顯現的人。』提摩太後書 4:7-8

## 八、 安息年 [1]

在整本妥拉 (摩西五經) 當中，第一個被「分別為聖」的是什麼？來看創世記 2:3：

> 『神賜福給 第七日，將它 分別為聖；
> 因為在這日，祂 歇了(שָׁבַת) 祂所做一切祂所創造的祂的工。』

וַיְבָרֶךְ אֱלֹהִים אֶת-יוֹם הַשְּׁבִיעִי וַיְקַדֵּשׁ אֹתוֹ
כִּי בוֹ שָׁבַת מִכָּל-מְלַאכְתּוֹ אֲשֶׁר-בָּרָא אֱלֹהִים לַעֲשׂוֹת

耶和華神第一個「分別為聖」的，就是「安息日」，安息日之所以被分別為聖，乃是「紀念-見證」耶和華神用「七天」的時間「完成創造」之工並「歇息-安息」。

因此，耶和華神要以色列百姓「守」安息日，「紀念」安息日，意思就是要他們相信，**並且承認「上帝創造」天地萬物，耶和華神擁有對「全地的主權」**。

上面創世記 2:3 後半句的經文『因為在這日，祂 歇了(שָׁבַת) 祂所做一切祂所創造的祂的工。』

這邊講到，耶和華神祂「歇了」一切創造之工的「歇了」這個動詞(שָׁבַת) 意思就是「休息、停止」，在現代希伯來文，這個字指的就是「**罷工**」，也就是「**有意識的停止**」任何工作，(שבת) 這個字根若當名詞來使用，就是我們耳熟能詳的 Shabbat「(שַׁבָּת) 安息日」，所以如果大家有去過以色列，在星期五傍晚日落時，就會聽到猶太人彼此互道著 (שַׁבָּת שָׁלוֹם) Shabbat Shalom，就是「安息日平安」。

來到利未記，利 25:3-4 這裡提到：

> 『六年要耕種田地，也要修理葡萄園，收藏地的出產。
> 第七年，地要守聖安息，就是 向耶和華守的安息，
> 不可 耕種田地，也不可 修理葡萄園。』

שֵׁשׁ שָׁנִים תִּזְרַע שָׂדֶךָ וְשֵׁשׁ שָׁנִים תִּזְמֹר כַּרְמֶךָ וְאָסַפְתָּ אֶת-תְּבוּאָתָהּ.
**וּבַשָּׁנָה הַשְּׁבִיעִת שַׁבַּת שַׁבָּתוֹן יִהְיֶה לָאָרֶץ שַׁבָּת לַיהוָה:**
שָׂדְךָ **לֹא** תִזְרָע וְכַרְמְךָ **לֹא** תִזְמֹר

---

[1] 本文收錄自《奧秘之鑰-解鎖妥拉:利未記》No.9 妥拉<在西奈山>篇之第二段文字信息。

這裡我們看到，除了人要向神「守安息日」之外，就連土地，也要也向耶和華神「守聖安息」，這意思是什麼，這意思就是說：土地也要來「承認」，或者說「頌讚」耶和華神創造「全地的主權」。

所以，經文為了強調出 耶和華神對於「土地的主權」，也就是：土地也要來「向神守安息」這件事，在 利未記 25 章 1-7 節 這個段落中，經文出現了妥拉經常使用的一種修辭技巧:「一詞七現」的格式 [2]，在利 25 章 1-6 節當中，我們會看到這個有 (שבת) shabbat「安息-歇息」字根出現的單字，出現「七」次，利 25:1-6：

『耶和華在西奈山對摩西說：你曉諭以色列人說：你們到了我所賜你們那地的時候，地就要向耶和華 守(שָׁבְתָה) 安息(שַׁבָּת)。六年要耕種田地，也要修理葡萄園，收藏地的出產。第七年，地要有 聖-安息(שַׁבַּת שַׁבָּתוֹן)，就是向耶和華守的 安息(שַׁבָּת)，不可耕種田地，也不可修理葡萄園。遺落自長的莊稼不可收割；沒有修理的葡萄樹也不可摘取葡萄。這是地的 聖安息(שַׁבָּתוֹן) 年。地在 安息(שַׁבַּת) 所出的，要給你和你的僕人、婢女、雇工人，並寄居的外人當食物。 』

透過這個「一詞七現」的格式，讓我們清楚知道，經文本身所要「特別強調」出的這一個訊息，就是：土地也要向耶和華神「守安息」。 土地到了第七年要守「安息年」的這個條例，其實也就是百姓在第七天要守「安息日」這個聖法的一個「結構的擴大」，所以可以這樣說，土地要「守安息年」，這乃是向耶和華神所「分別為聖」的「安息日」來致敬 的一種概念，這表示出，除了人之外，就連「土地-自然」，也要來承認耶和華神祂「掌管全地」的「王權」。

所以，透過土地在第七年「必須休耕」的「安息年」條例，這就讓百姓清楚意識到，土地，其實並不是你們「所擁有」的，或者更具體來說，以色列百姓所要進去「得地為業」的迦南地，那地的真正所有權「不是」你們以色列人的，而是耶和華神的，正如利 25:2 明白說到的：

『你要吩咐以色列人，對他們說：
你們到了 我所賜你們那地 的時候，
地要休耕，是向耶和華守的安息。』

דַּבֵּר אֶל-בְּנֵי יִשְׂרָאֵל וְאָמַרְתָּ אֲלֵהֶם
כִּי תָבֹאוּ אֶל-הָאָרֶץ אֲשֶׁר אֲנִי נֹתֵן לָכֶם
וְשָׁבְתָה הָאָרֶץ שַׁבָּת לַיהוָה

---

[2] 關於「一詞七現」的修辭，同參利未記 No.2 妥拉<吩咐/命令>篇之第五段「照神所吩咐的行」、利未記 No.6 妥拉<死了之後>篇之第一段「靈命大檢修」。

利 25:2 的經文清楚的告訴以色列人，土地「不是」你們的，土地的所有權乃是耶和華神的，你們以色列之所以能進去迦南地，**乃是因為祂與先祖:亞伯拉罕-以撒-雅各所「起誓應許的約」**，而「白白賞賜」給你們的。利 25:23 說得更清楚：

『因為 地是我的；你們 在我面前 是客旅，是寄居的。』
כִּי-לִי הָאָרֶץ כִּי-גֵרִים וְתוֹשָׁבִים אַתֶּם עִמָּדִי

人，不是大地的主人，耶和華神才是，因為萬物大地、整個自然界和生態都是祂造的，所以當耶和華神頒布土地也要「守安息年」的條例的時候，另外一個神所要強調出的一個信息和重點就是：

耶和華神是「照管-照護」大地的神，耶和華神會「全面地照顧」到土地上每一個人和每一個動物走獸的生存，利 25:5-7：

『遺落自長的莊稼 不可收割；沒有修理的葡萄樹 也不可摘取葡萄。這年，地要守聖安息。地在 安息年 所出的，要 給你和 你的僕人、婢女、雇工人，並 寄居的外人 當 食物。這年的土產也要 給你的牲畜 和 你地上的走獸 當 食物。』

耶和華神所頒布的一切聖法，其實都是要給人帶來「**生命和富足**」的，神的心意是要我們「**豐盛**」的，正如以色列百姓在曠野經歷天降嗎哪，在第六日會降下雙份嗎哪，**第七日 一整天** 大家可以在家「安息-休息」，不用出去努力尋找，這就是: 安息日 的 雙份恩膏和祝福。

同樣，現在耶和華神又更進一步要求以色列百姓，在 **第七年 一整年「不耕作」**，讓土地休息，讓土地「向神守安息」，也許按照一般人的想法和邏輯，覺得這是不可能的，怎麼可能一整年都不耕作，這樣來年不就要餓肚子了嗎？

可是，神就是要以色列百姓「去經歷」這個比安息日「雙份恩膏」還要更大的祝福和神蹟，那就是「安息年」的「三倍」祝福，這就是利 25:18-21 說的：

『我的律例，你們要遵行，我的典章，你們要謹守，
就可以在那地上安然居住。地必出土產，你們就要吃飽，在那地上安然居住。
你們若說：『這第七年我們不耕種，也不收藏土產，吃甚麼呢？』
我必在第六年將我所命的福賜給你們，
地便生 三年的土產。』

是的，當你將生命主權「完全交託」給神的時候，神就會用「超然的」方式來幫你「贖回」(你過去曾經失去的) 時間和產業。

23

# 九、 禧年 [1]

『當年七月初十日，你要 大發角聲；這日就是 贖罪日，要在 遍地發出角聲。第五十年，你們要當作 聖年，在遍地給一切的居民宣告 自由。這年必為你們的 禧年，各人要 歸自己的產業，各歸本家。』利 25:9-10

וְהַעֲבַרְתָּ **שׁוֹפַר תְּרוּעָה** בַּחֹדֶשׁ הַשְּׁבִעִי בֶּעָשׂוֹר, לַחֹדֶשׁ בְּיוֹם, **הַכִּפֻּרִים תַּעֲבִירוּ שׁוֹפָר בְּכָל-אַרְצְכֶם. וְקִדַּשְׁתֶּם** אֶת שְׁנַת הַחֲמִשִּׁים שָׁנָה וּקְרָאתֶם **דְּרוֹר** בָּאָרֶץ לְכָל-יֹשְׁבֶיהָ; **יוֹבֵל** הִוא תִּהְיֶה לָכֶם **וְשַׁבְתֶּם אִישׁ אֶל-אֲחֻזָּתוֹ וְאִישׁ אֶל-מִשְׁפַּחְתּוֹ תָּשֻׁבוּ**

「禧年」，這個在利未記當中，耶和華神向以色列頒布的，一個非常獨特而且是非常重要的聖法，在上面的經文中，我們看到在「禧年」當中出現的幾個元素。

首先、「號角聲」希伯來文（**שׁוֹפָר**），「號角」在聖經裡面經常指涉的是關乎到耶和華神的「王權」展現，所以當以色列百姓<在西奈山>和耶和華神相認，看到耶和華神這個 王權「降臨-顯現」時，他們就聽到了那又高又大的「號角聲」，出埃及記 19:18-19：

『<西奈全山> 冒煙，因為 耶和華在火中降於 <山上>。
山的煙氣上騰，如燒窯一般，<遍山> 大大震動。
號角聲 漸漸地高而又高…』

וְהַר **סִינַי** עָשַׁן כֻּלּוֹ מִפְּנֵי אֲשֶׁר יָרַד עָלָיו יְהוָה בָּאֵשׁ
וַיַּעַל עֲשָׁנוֹ כְּעֶשֶׁן הַכִּבְשָׁן וַיֶּחֱרַד כָּל-הָהָר מְאֹד.
**וַיְהִי קוֹל הַשֹּׁפָר הוֹלֵךְ וְחָזֵק מְאֹד**

再來要說的是，「禧年」被放在 第五十年的「贖罪日」的這個時間點上面，這個一年一度，只能由大祭司本人，進去會幕的至聖所裡面，來到耶和華神面前，替以色列百姓「全會眾」贖「所有罪愆」的一個最神聖的節日，利 16:30：

『因在這日要為你們贖罪，使你們潔淨。
你們要在耶和華面前得以潔淨，脫盡一切的罪愆。』

כִּי-בַיּוֹם הַזֶּה יְכַפֵּר עֲלֵיכֶם לְטַהֵר אֶתְכֶם
**מִכֹּל חַטֹּאתֵיכֶם לִפְנֵי יְהוָה תִּטְהָרוּ**

---

[1] 本文收錄自《奧秘之鑰-解鎖妥拉:利未記》No.9 妥拉<在西奈山>篇之第三段文字信息。

綜合第一點，**禧年會在遍地發出**，這個代表 耶和華神「王權」的「號角聲」，以及第二點，**禧年被安置在「贖罪日」**這個「除去-赦免」所有債務，也就是「罪債」的神聖節期，那麼就下來要進入到「禧年」這個條例的「具體內容」：

禧年，如前文所述，來到禧年開始的這一天，**全地大發「號角聲」，大家都必須要承認耶和華神對於「掌管全地」的王權和主權**，所以，在「禧年」的時候，也就是在第五十年的「贖罪日」那一天，耶和華神會施行以色列全地，和全體百姓的「債務免除」，和「土地-產業歸還」的「大調動」。

「**禧年**」(**יוֹבֵל**)，它的字根 (**ל.ב.י**) 當動詞的意思就是「**運輸、搬遷、調動**」，這個字同時也是「**號角**」的意思，所以這個字很有意思。

耶和華神設立「禧年」這個聖法，其實目的就是 要防止「**財富分配不均**」、和「**貧富差距懸殊**」的問題和狀況發生。

就土地而言，譬如說當一個家庭，他因為缺錢，有債務了，「被迫要賣」田產土地，而且可能是用「賤價」賣出，那麼，這個家主、或地主，也許從此之後開始過著「舉債度日」的艱困生活，也許一輩子都無法翻身，是的，如果沒有「**禧年**」制度的話，那麼或許這一家子的人，可能就會淪落到「好幾代的赤貧」生活，但耶華神為了要防止這種狀況發生，防止「**債留子孫**」的這種情況。所以祂告訴以色列百姓，到了「禧年」，也就是 第五十年的「贖罪日」的時候，耶和華神除了會「**清償**」你們的屬靈「**罪債**」，同時也會「**償還**」你們「**土地-產業**」的債務，也就是說，原來兼併土地的那些少數人，那些 (用現在的話來說) 財團、大企業你們要無條件地，把所有從原地主購得的土地，無條件的「歸還」。

再來，人的部分也是一樣，如果有一個人，他家裡貧窮了，需要 **賣身「為奴」** 才能維持家計，或是一個父、母親，為了生活，而必須要把自己的女兒 **賣掉**，成為「女奴」，如果說沒有「**安息年**」和「**禧年**」條例的話，那這個被賣為奴的「奴隸」和「女奴」，或許很有可能就是一輩子都是奴隸，而永遠都無法翻身，成為一個自由人，但是，**公義的神為了防止這樣的狀況發生**，所以才設立了「**安息年**」，和「**禧年**」這個制度。

『你若買希伯來人作奴僕，他必服事你六年；
　　第七年他可以自由，白白地出去。』出埃及記 21:2

כִּי תִקְנֶה עֶבֶד עִבְרִי שֵׁשׁ שָׁנִים יַעֲבֹד
**וּבַשְּׁבִעִת יֵצֵא לַחָפְשִׁי חִנָּם**

『他在你那裡要像雇工和寄居的一樣，要服事你直到 禧年。

然後他和他兒女 要離開 你，一同出去

歸回本家，回到他祖宗的地業 那裏去。』利 25:40-41

כְּשָׂכִיר כְּתוֹשָׁב יִהְיֶה עִמָּךְ עַד-**שְׁנַת הַיֹּבֵל** יַעֲבֹד עִמָּךְ.

**וְיָצָא** מֵעִמָּךְ הוּא וּבָנָיו עִמּוֹ

**וְשָׁב אֶל-מִשְׁפַּחְתּוֹ וְאֶל-אֲחֻזַּת אֲבֹתָיו יָשׁוּב**

在「禧年」這個聖法的背後，有一個很重要的精神和邏輯，那就是：神按著祂的
形象所創造的「人」，以及神所創造的自然和「土地」，人和土地，這兩樣在神看
來極其寶貴的創作品，其最終的「所有權」都是來自於耶和華神的，人都不可以
去「買斷」或「壟斷」。

這也就是利 25:42, 23 所說的：

『42 因為 他們 (以色列人) 都是我的僕人，是我從埃及地領出來的，不可賣為
奴僕。23 地不可永賣，因為 地是我的；你們在我面前是 客旅，是寄居的。』

כִּי-**עֲבָדַי הֵם** אֲשֶׁר-הוֹצֵאתִי אֹתָם מֵאֶרֶץ מִצְרָיִם **לֹא יִמָּכְרוּ מִמְכֶּרֶת עָבֶד**. כג **וְהָאָרֶץ לֹא
תִמָּכֵר לִצְמִתֻת כִּי-לִי הָאָרֶץ** כִּי-גֵרִים וְתוֹשָׁבִים אַתֶּם עִמָּדִי

## 十、 禧年 的終末論 [1]

在利未記 25 章當中，經文把「**禧年**」和「**贖罪日**」放在一起來談，利 25:8-10：

『你要計算七個安息年，就是七個七年。這就給你七個安息年的日子，共是四十九年。當年七月初十日，你要大發角聲；這日就是 **贖罪日**，要在遍地發出角聲。**第五十年**，你們要當作 **聖年**，在遍地給一切的居民宣告 **自由**。這年必為你們的 **禧年**，各人要 **歸自己的產業，各歸本家**。』

把「**贖罪日**」和「**禧年**」放在一起談，從「終末論」的預表性意涵來說，是非常深刻而且是至關重要的。

如果說「贖罪日」，這個一年一度大祭司要進去會幕的「至聖所」，為「以色列全家」贖所有「一切的罪愆」，是在「預表」將來末後的日子，正如保羅說的『**以色列全家都要得救**』的話，那麼這就如許多先知所預言的，將來以色列的餘民 會「回歸本地」，回到「先祖之地」，而且 **以色列屬靈的罪過和污穢會被神所洗淨**。

『我 (耶和華神) 必從各國收取 你們 (以色列百姓)，從列邦聚集你們，引導你們 歸回本地。我必用 清水灑在你們身上，你們就 潔淨了。我要 潔淨你們，使你們 脫離一切的污穢，棄掉一切的偶像。我也要賜給你們一個 **新心**，將 **新靈** 放在你們裏面，又從你們的肉體中除掉石心，賜給你們 **肉心**。我必將 **我的靈** 放在你們裏面，使你們 順從我的律例，謹守遵行我的典章。你們 必住在 我所賜給你們 **列祖之地**。你們要作我的子民，我要作你們的上帝。』以西結書 36:24-28

「禧年」這個聖法背後的主要精神就是: 產業「回歸」，各歸「本家」，這個就是前文已經看過的利 25:10 的經文：

『第五十年，你們要當作 **聖年**，
在 遍地 給一切的居民(以色列百姓) 宣告自由。
這年必為你們 (以色列人) 的 **禧年**，
各人要歸自己的產業 (以色列地) ，各歸本家。』

所以，從「終末論」的角度來看耶和華神給以色列頒布的「**禧年**」，那這就很清楚的是在預表，在末後的日子，那些被「趕散-流亡」在世界各地的以色列各家，都要「回歸」到自己的地業，自己的「先祖之地」，是耶和華神「起誓應許」要

---

1 本文收錄自《奧秘之鑰-解鎖妥拉:利未記》No.9 妥拉<在西奈山>篇之第五段文字信息。

給亞伯拉罕-以撒-雅各」以及他們的後代子孫的地業:迦南地或者稱為「以色列地」的這塊地，這個也就是利未記 25:13 說的:

『這 禧年，你們 (以色列) 各人 要歸自己的地業。』
בִּשְׁנַת הַיּוֹבֵל הַזֹּאת תָּשֻׁבוּ אִישׁ אֶל-אֲחֻזָּתוֹ

所以，總結來說，這個特別刻意被放在「贖罪日」的「禧年」，它的「預表姓-終末論」的意涵就是: **末後的日子，散居在世界各地的以色列餘民，祂們會「全數回歸」到先祖之地，而迦南的土地產業也會「完全回到」以色列手中，並且以色列全家的屬靈罪債「會被償還」，一切污穢罪惡「會被洗淨」**。這個，就是「禧年的終末論」的具體意涵。

如果我們把「七七節(五旬節)」和「禧年」拿來對照一下，會發現到兩者有一個「**彼此對稱**」的平行結構 [2]:

首先**七七節(五旬節)**，它是以逾越節後第一個安息日的隔天開始計算七個安息日，也就是七個七天，**7X7** 到第五十天時，就來到七七節，這個節期又稱為五旬節，「聖靈降臨」就是在五旬節。所以這個節期正是在預表 **福音從「以色列-猶太地」廣傳，臨到外邦，直到地極**。

再來、**禧年**，也是一個 **7X7** 的結構，就是要數七個安息年，數完七個七年，來到第五十年，也就是「禧年」的時候，就會有一個全面性、全盤的大變動，那就是: **產業「回歸」，各歸「本家」**。

所以，把七七節(五旬節)，和「禧年」兩相對照一下，就會很清楚地看到，一個是「**向外**」傳播，一個則是「**回歸**」本地。

因此，如果說七七節(五旬節) 的「預表姓」意涵，也就是「福音廣傳」直到天下地極，這是已經發生的，那麼，我們也可以說，接下來「**禧年的終末論**」的預表性意涵，其實也是正在發生當中的事情。

除了，我們剛剛前面已經說過的，散居在世界各地的「以色列餘民」，開始大規模的「回歸」以色列地，也看到有越來越多的猶太人相信耶穌是他們的彌賽亞。

同時，外邦教會也開始「**連回-回歸**」到希伯來「信仰根源」，把聖子耶穌在新約的教導，正確「**連回-回歸到**」父神耶和華的妥拉(摩西五經)，開始「**回到**」「耶

---

[2] 關於這個「平行結構」的圖表，詳見本段文本的 youtube 信息影片，請掃描本文標題旁邊的 **QR Code**。

和華的節期」當中，「對準」神的時間，並且將這個被恢復的、純全本然的福音，這個當初是從以色列地的凱撒利亞港，由「猶太人的使徒」保羅所「**傳出去**」的福音，得以再次「**傳回到**」以色列，「**回歸到**」耶路撒冷，「**帶回到**」猶太人手中，使猶太人「以色列全家」都相信：耶穌就是彌賽亞，是猶太人的王，是以色列的拯救的這個大好信息和福音。

保羅在羅馬書 11:25-26 說：『弟兄們，我不願意你們不知道這奧祕，恐怕你們自以為聰明，就是：以色列人有幾分是硬心的，**等到外邦人豐滿了，** 於是 **以色列全家都要得救。**如經上 (以賽亞書 59:20-21) 所記：「**必有一位救主從錫安出來，要消除雅各家的一切罪惡。**」又 說: **我除去他們罪** 的時候，這就是 **我與他們** 所立的約。 』

「禧年的終末論」的核心意義就是：**歸回本家、回到本枝、接回本根、**但是這會經歷一個「大規模」的重整和調度，目的乃是為了要 回到神話語和真理「原來-純全的」福音、回到神的「心意-計畫-次序」當中。

# II 耶和華的節期／猶太節期及「特別的安息日」

# 紅母牛安息日 (שַׁבָּת פָרָה)[1]

「紅母牛安息日」讀經段落：
妥拉:《民數記》19:1-22
先知書伴讀:《以西結書》36:16-38
詩篇: 51 篇
新約伴讀:《希伯來書》9:13-14


## 一、在尼散月來臨前的一個「特別的安息日」:

猶太曆中，在普珥節過後， 和「尼散月」來臨之前，會有一個特別的安息日，叫做「**紅母牛安息日**」，希伯來文叫 (שַׁבַּת פָרָה)。

尼散月，也就是「正月」 這個耶和華神施展「救恩」，發「神蹟」的月份，是以色列百姓「得拯救」,「脫離」罪惡,「死而復生」的的大日子，靈性「被恢復」「重生」的紀念日。

所以，因著尼散月的「意義重大」，猶太人在尼散月前的這一個的安息日，就會「嚴肅審慎」地來作預備，這是為著尼散月，以及「逾越節」的到來作準備，這個為著尼散月和逾越節作預備的特別的安息日，就叫做 **紅母牛安息日**。


## 二、紅母牛的功用:

昔日聖殿還在時，祭司和以色列百姓，會在「尼散月-逾越節」來到之前，做好完全「**潔淨-除罪**」的預備動作，好讓他們可以完全地來到耶和華神面前獻祭，獻「逾越節」的祭禮 (民 28:16-31)。而這個完全「潔淨-除罪」的預備動作，就是民 19:1-22 記載的 **紅母牛條例**，這一個在妥拉中非常特殊的條例。

**紅母牛條例**，特別指的是沾染「死屍」而定的「除罪-潔淨」的條例。猶太人認為 **紅母牛條例** 的出現，是要贖以色列百姓造金牛犢的「死罪」，讓以色列再次「靈命復活」。

---

[1] 本文收錄自《奧秘之鑰-解鎖妥拉:民數記》No.6 妥拉<(紅母牛)律例>篇之第二段文字信息「紅母牛的預表」。

若按民數記的經文脈絡讀下來，我們看到，在民數記 19 章之前，發生許多次百姓的抱怨、探子報惡信、可拉叛黨、銅蛇事件……以上這些都招來了耶和華神的「降災」懲罰:有火、有瘟疫、有地震，讓許多以色列百姓「死亡」。

因為太多人「死亡」，造成以色列全營「不潔淨」，每天都在處理「死屍」，以色列全營籠罩在「死亡的靈」當中。因此來到民數記 19 章，**紅母牛條例** 適時地出現，為的是要去除沾染「死屍」的不潔淨和罪。


### 三、紅母牛條例的「預表」:
是預表彌賽亞耶穌的「潔淨-除罪」，對象包括以色列百姓和全人類。

如果仔細去看 民數記的 **紅母牛條例** ，會發現他有著許多和一般獻祭「不同的例外」:

首先、.紅母牛必須要沒有殘疾，此外還要「**純紅、未曾負軛**」，這預表彌賽亞的「**純全無瑕疵**」。哥林多後書 5:21：『上帝使那無罪(不知罪)的，替我們成為罪，好叫我們在他裏面成為上帝的義。』

第二、紅母牛必須要在「營外」被宰殺。希伯來書 13:12-13『耶穌要用自己的血叫百姓成聖，也就在「城門外」受苦。這樣，我們也當出到「營外」，就了他去，忍受他所受的凌辱。』

第三、在紅母牛條例中，「獻祭的祭司」**自己會成為「不潔淨」**。這表示彌賽亞自己成為不潔，「代替」我們被定罪。這就是羅馬書 8:3 說的：『耶和華神就差遣自己的兒子，成為「罪身」的形狀，做了贖罪祭，在肉體中定了罪案。』

第四、紅母牛除污穢的水「**使人得潔淨**」。啟示錄 1:5：『那誠實作見證的、從死裏首先復活、為世上君王元首的耶穌彌賽亞，有恩惠、平安歸與你們！ 他愛我們，**用自己的血 使我們脫離 (洗去) 罪惡**。』

### 四、紅母牛條例的「末後預表」:
猶太人相信，包括保羅自己也相信，在末後的日子，以色列全體，要再經歷一次大規模的「靈性復活」，靈裡的「尼散月-出埃及」、死而復生。

那末後的日子，正如先知耶利米、以西結都曾預言的，**以色列百姓將會被聖靈澆灌、完全除污-除罪，脫離死亡，得蒙拯救**。

這也就是為什麼在 紅母牛安息日 的時候，昔日的猶太聖哲們，被耶和華神啟示，要選擇 以西結書 36:16-38 這段經文來搭配伴讀。

『我卻顧惜 我的聖名，就是以色列家在所到的列國中所褻瀆的。「所以，你要對以色列家說，主耶和華如此說：以色列家啊，**我行這事** (召聚你們回到列祖之地，讓你重新復活) 不是為你們，**乃是為我的聖名**，就是在你們到的列國中所褻瀆的。**我要使 我的大名 顯為聖**；這名在列國中已被褻瀆，就是你們在他們中間所褻瀆的。我在他們眼前，**在你們 (以色列) 身上顯為聖** 的時候，**他們 (列國) 就知道我是耶和華**。這是主耶和華說的。我必從各國收取你們，從列邦聚集你們，引導你們歸回本地。我必用清水灑在你們身上，你們就潔淨了。我要潔淨你們，使你們脫離一切的污穢，棄掉一切的偶像。我也要賜給你們 一個新心，將 新靈 放在你們裏面，又從你們的肉體中除掉石心，賜給你們肉心。我必將 我的靈 放在你們裏面，使你們 **順從我的律例，謹守遵行我的典章**。』以西結書 36:21-27


保羅在羅馬書 11:25-26 說：
『弟兄們，我不願意你們不知道這奧祕（恐怕你們自以為聰明），就是以色列人有幾分是硬心的，等到外邦人的數目添滿了，於是 **以色列全家都要得救**。如 經上所記：必有 **一位救主 從錫安出來**，要消除雅各 (以色列) 家的一切罪惡；又說：**我除去他們 (以色列家) 罪的時候**，這就是 **我與他們「所立的約」**。』

『如果把山羊和公牛的血，和 **焚燒了的母牛的灰**，灑在那些在禮儀上不潔淨的人身上，能夠清除他們的污穢，使他們淨化，那麼，**彌賽亞的血** 所能成就的豈不是更多嗎？ 藉著那永恆的靈，他把自己當作完整的祭物獻給上帝。他的血要淨化我們的良心，除掉我們的腐敗行為，使我們得以事奉永活的上帝。』希伯來書 9:13-14

# 正月安息日　(שבת החודש)

「正月安息日」讀經段落：
妥拉:《出埃及記》12:1-20
先知書伴讀:《以西結書》45:16-46:18
詩篇伴讀: 77 篇

## 一、 說明：

**正月安息日** 是「尼散月/正月」要「來臨」之前的「最後一個」安息日，所以，猶太人稱呼這個「緊鄰」或「正好落在」尼散月的 月首 (月朔) 的安息日為「**正月安息日**」(שבת החֹדֶשׁ)。因為在這個安息日，不僅讓大家進入安息，也帶領大家一同「準備進入」這個耶和華神「施展神蹟-奇事」的偉大月份: **尼散月/正月**。

## 二、 妥拉讀經：

『耶和華在埃及地曉諭摩西、亞倫說:「你們要以本月為「正月」，為「一年之首」。你們吩咐以色列全會眾說：本月初十日，各人要按著父家取羊羔，一家一隻。』
出埃及記 12:1-2

在「正月安息日」閱讀出埃及記 12:1-20 這一段在妥拉中首次出現的「**逾越節**」條例，其實目的正是要提醒以色列百姓，要「開始預備」了，因為再過兩週就要進入「耶和華節期」中那象徵「**救贖-重生-得自由**」的，偉大的 **逾越節**。

家家戶戶，要來準備開始「**除酵、賣酵 (מכירת חמץ)**」、大掃除，預備羊羔、苦菜、無酵餅……等等。此外，住在外地的親人，都準備要趕快讓工作告一段落「回家團聚」。有在以色列和當地人一起過「逾越節」的朋友知道，要預備這個節期所需要的陣仗是如此巨大。

是的，在現代的以色列，逾越節正是一個會「**全國翻騰、人口遷徙**」的「**總動員**」的節期，好似華人的「春運」各地湧現人潮、塞車。

正如 **出埃及記 12:37-41** 所記載的那幅「**全體動員**」的畫面：『以色列人從蘭塞起行，往疏割去；除了 婦人孩子，步行的男人約有六十萬。又有許多閒雜人，並有羊群牛群，和他們一同上去。他們用埃及帶出來的生麵烤成無酵餅。這生麵原沒有發起；因為他們被催逼離開埃及，不能耽延，也沒有為自己預備甚麼食物。

以色列人住在埃及共有四百三十年。正滿了四百三十年的那一天，耶和華的軍隊都從埃及地出來了。』

## 三、未來的聖殿：

「正月安息日」的 (先知書) 讀經段落，在以西結書 45:16-46:18。先知以西結講述到「未來聖殿」 (應為彌賽亞來臨後的千禧年國度的聖殿) 的場景，這段經文同樣是論到「**逾越節**」的相關條例。這同時也清楚表明將來彌賽亞再來之時，「耶和華的節期-逾越節」仍繼續被紀念，仍然是一個要遵守的「首要的、重大的」節期。

『主耶和華如此說：「**正月 (尼散月) 初一日**，你要取無殘疾的公牛犢，潔淨聖所。」』以西結書 45:18

值得注意的是，在以西結書 45:16-46:18 這段經文中所提及的「逾越節獻祭」條例，又和民數記 28:16-31 所記載的略有不同，甚至在以西結書 46:4-7 所記載的「安息日」和「月朔」獻祭條例，也和民數記 28:9-15 的不一樣。

## 四、逾越節就是: 得自由-「回歸」應許地：

不僅古時的以色列百姓「出埃及」是如此，在末後的日子，散居在世界各地的以色列餘民也要如此，因此「正月安息日」的先知書伴讀，結束在以西結書 46:16-18 這一段的經文非常具有啟示性：

『主耶和華如此說：「王若將產業賜給他的兒子，就成了他兒子的產業，那是他們承受為業的。倘若王將一分產業賜給他的臣僕，就成了他臣僕的產業；到自由之年仍要歸與王。**至於王的產業，「必歸與」他的兒子。**王不可奪取民的產業，以致驅逐他們離開所承受的；**他要從自己的地業中，將產業賜給他兒子，免得我的民分散，各人離開所承受的。**」』

## 五、對齊時間，敞開府庫：

『主耶和華如此說：「內院朝東的門，在辦理事務的六日內必須關閉；**惟有 安息日和月朔 必須敞開**。王要從這門的廊進入，站在門框旁邊。祭司要為他預備燔祭和平安祭，他就要在門檻那裏敬拜，然後出去。這門直到晚上不可關閉。**在 安息日和月朔**，國內的居民要在這門口，在耶和華面前敬拜。」以西結書 46:1-3

六、詩篇 77 篇 (經文節錄)：

11 我要提說 耶和華所行的；
我要記念 祢古時的奇事。


13 上帝啊，祢的作為是潔淨的；
有何神大如上帝呢？


14 祢是 行奇事的上帝；
祢曾 在列邦中 彰顯祢的能力。


15 祢曾 用祢的膀臂 贖了祢的民，
就是 雅各和約瑟的子孫。


20 祢曾藉摩西和亞倫的手引導祢的百姓，
好像羊群一般。

# 偉大的安息日 (שבת הגדול)

「偉大的安息日」讀經段落：
先知書伴讀:《瑪拉基書》3:4-4:6
詩篇伴讀: 95 篇

## 一、 說明：

在逾越節前一週，這個最「緊鄰靠近」逾越節的安息日，被猶太人稱之為 **大安息日**，或是 **偉大的安息日 (שַׁבַּת הַגָּדוֹל)**，英文 **The Great Shabbat.**

之所以稱呼這個安息日為「偉大的」，乃是因為這個安息日，是要紀念以色列百姓在「出埃及前」，「所準備要」經歷「**偉大的救贖**」事件。

『要準備一隻羊羔、然後殺羊、將羔羊的血塗抹在門楣上，然後耶和華要「親自執行」十災中「最偉大」的一災: 殺長子，以及一切頭生的牲畜。』出埃及記 11:5

耶和華這樣說：『約到半夜，「我必出去巡行」埃及遍地。凡在埃及地，從坐寶座的法老直到磨子後的婢女所有的長子，以及一切頭生的牲畜，都必死。埃及遍地必有大哀號；從前沒有這樣的，後來也必沒有。』出埃及記 11:4-6

## 二、第十災發生前，需要準備「被殺的羊羔」：

『你們吩咐以色列全會眾說:本月/尼散月 初十日，各人要按著父家取羊羔，一家一隻。……要無殘疾、一歲的公羊羔……。要留到本月十四日，在黃昏的時候，以色列全會眾把羊羔宰了。各家要取點血，塗在吃羊羔的房屋左右的門框上和門楣上。』出埃及記 12:3-7

從尼散月 10 號一直到 14 號，以色列百姓會反覆檢查、每天查看這隻「待宰的羔羊」是否完全的「**無殘疾、無瑕疵**」，然後才能在 14 號的晚上，把這隻羊羔屠宰，並把牠的血，塗在門楣上，接著「偉大的」第十災: 殺長子 登場，讓這血給以色列百姓帶來「救贖」。出埃及記 12:46-47：

『**羊羔的骨頭一根也不可折斷**[1]。以色列全會眾都要守這禮。』

---

[1] 當耶穌被釘十字架後，約翰福音 19:36-37 節記載『這些事成了，為要應驗經上的話 (出埃及記 12:46、詩篇 34:20) 說:「他的骨頭 一根也不可折斷。」 經上 (撒迦利亞書 12:10) 又有一句說:「他們要仰望 自己所扎的人。」』

## 三、被殺的羔羊，預表 耶穌：

『耶穌是「逾越節」被殺的羔羊。』哥林多前書 5:7

事實上，耶穌預備要上十字架受難的那一年的尼散月 大安息日 和 逾越節，乃是歷史上「最偉大的」大安息日 和 逾越節，因為耶穌「完成了」父神耶和華為世人所定規和準備的「偉大救贖」任務: 那一次「宇宙性-偉大的」贖罪祭-挽回祭。

耶穌自己很清楚，他將要成為「被殺的羔羊」，所以在馬太福音 26:2 節，耶穌說『你們知道，過兩天是「逾越節」，人子將要被交給人，釘在十字架上。』

然而在此之前，他也象徵性地，讓自己在尼散月 10 號之前，被以色列百姓「驗中」，被他們「看出」耶穌自己就是那個「無瑕疵、無殘疾」的羔羊，是要給以色列百姓帶來「救贖」的，只是百姓 (包括門徒們) 所期待的卻是一位「政治性」的彌賽亞，是要帶領猶太人「起義反抗」羅馬暴政。

不過，這 (不是) 父神耶和華要做的，耶穌「第一次」道成肉身來到世上，乃是代表「約瑟-被賣-受苦」形象的彌賽亞。可是百姓們期待的卻是「大衛-政治-王權」形象的彌賽亞 (那是彌賽亞「第二次再來」才有的形象)。

## 四、眾人呼喊偉大的「和散那」：

約翰福音 12:1-33 記載: 耶穌在 逾越節 前六天，就來到 耶路撒冷 聖殿對面的橄欖山:伯大尼，這時候家家戶戶正好要開始準備「那隻被宰的羊羔」，並且要在尼散月 10 號 到 14 號 好好檢查，而耶穌恰好就是在這段時間進耶路撒冷城。

> 『第二天，有許多上來過節的人聽見 耶穌 將到 耶路撒冷，
> 就拿著棕樹枝出去迎接他，喊著說:
> 和散那!奉主名來的「以色列王」是應當稱頌的!』
> 約翰福音 12:12-13

「和散那」希伯來原文 (הוֹשַׁע נָא) 讀音 Hoshah Na. 意思就是『求祢拯救』。所以當簇擁的以色列百姓在狂熱的呼喊這句話的時候，事實上他們所念的正是詩篇 118:25-26 的經文:

『耶和華啊，求祢拯救!耶和華啊，求你使我們亨通!奉耶和華名來的，是應當稱頌的!我們從「耶和華的殿中」為你們祝福!』

是的，在羅馬暴政統治之下的猶大地，以色列百姓苦不堪言，他們意識到，這正要進城、來到聖殿的耶穌，就是預言中的那位要來「拯救」他們的「以色列的王」彌賽亞。

當下，大家都意識到這個即將要來到的「**逾越節**」，是一個非比尋常的逾越節，是一個歷史上「**最偉大**」的逾越節，因為眾人期待著: 耶穌會「**拯救**」他們脫離羅馬暴政，正如耶和華神當年「**拯救**」他們脫離埃及的奴役。可是，這沒有發生，因為父神耶和華的計畫更偉大，不是當下以色列百姓，以及世人所想的那樣。


五、「**無瑕疵、無殘疾**」的羔羊: 耶穌:
耶穌在逾越節前六天進到耶路撒冷，但沒多久，就被猶太公會的人逮捕，並被抓到大祭司、文士、長老，以及全公會的面前「被審問」，這些人『尋找 (假見證) 控告耶穌，要治死他。雖有好些人來「作假見證」，總「得不著實據」。』馬太福音 26:59-60

在祭司長、全公會、文士、長老都喬不攏的情況下，耶穌被帶到羅馬巡撫彼拉多受公審，但是彼拉多三次對祭司長和公會的人說:『**我並查不出這人**(耶穌)**有什麼罪來。**』路加福音 23:13-25

『彌賽亞藉著永遠的靈，將自己「**無瑕無疵**」獻給父神耶和華，他的血豈不更能洗淨你們的心 (良心)，除去你們的死行，使你們事奉那永生上帝(耶和華神)嗎？』希伯來書 9:14

最後，耶穌在十字架上，成了父神耶和華所要求的「**偉大-救贖**」之工。約翰福音 19:36-37 記載:『這些事成了，為要應驗經上的話 (出埃及記 12:46) 說:「他的骨頭一根也不可折斷。」 經上 (撒迦利亞書 12:10) 又有一句說:「他們要仰望自己所扎的人。」』


六、末後的日子那「**最偉大**」的救贖:
耶和華節期的第一個節期，就是一個「**偉大-救贖**」的節期: 逾越節。

逾越節這個節期的「主題」和內容，(從過去-現在-到未來) 始終都是關乎「**以色列的救贖**」。從過去的以色列百姓 出埃及、到耶穌『奉差遣，不過是到「以色列家」迷失的羊那裡。』、再到末後那大而可畏的日子，彌賽亞第二次再來。

因此，**偉大的安息日** 的讀經段落，猶太先賢被聖靈啟示，選擇了瑪拉基書 3:4 - 4:6 這段經文，來作為先知書伴讀。這段經文論到了終末「最偉大」的救贖：

『**因我－耶和華 是不改變的**，所以 **你們雅各之子 沒有滅亡**。…萬軍之耶和華說：**萬國必稱你們為 有福的，因你們的地 必成為 喜樂之地**。…萬軍之耶和華說：「在我所定的日子，他們必屬我，特特歸我。我必憐恤他們，如同人憐恤服事自己的兒子。」瑪拉基書 3:6, 12,17

『你們當記念我僕人摩西的 **律法 (妥拉)**，就是我在何烈山為以色列眾人所吩咐他的律例典章。「看哪，耶和華大而可畏之日未到以前，我必差遣先知以利亞到你們那裏去。他必使父親的心轉向兒女，兒女的心轉向父親，免得我來咒詛遍地。」瑪拉基書 4:4-6

## 七、彌賽亞第二次再來是以「**大衛-王權**」的形象而來：

因為『我必聚集 **萬國與耶路撒冷爭戰**，城必被攻取，房屋被搶奪，婦女被玷污，城中的民一半被擄去；剩下的民仍在城中，不致剪除。那時，**耶和華必出去與那些國爭戰，好像從前爭戰一樣。**[2] 』撒迦利亞書 14:2-3

『**耶和華必作全地的王。**那日耶和華必為獨一無二的，祂的名也是獨一無二的。…所有來攻擊耶路撒冷列國中剩下的人，必年年上來敬拜 大君王－萬軍之耶和華，並守住棚節。』撒迦利亞書 14:9, 16

當然，耶和華神是「不可見的」。因為正如約翰福音 1:18 所說：『從來沒有人看見父神耶和華，只有在父神耶和華懷裡的獨生子耶穌，將父神耶和華表明出來。』

『**愛子 是那不能看見之神的像**，是首生的，在一切被造的以先。』歌羅西書 1:15

所以，彌賽亞耶穌第二次再來，和第一次一樣，同是為著「父神耶和華的名」而來，不同的是，這次是要來與以色列一同站立，和列國征戰，為要向以色列家施行那終末「**偉大的**」拯救。這也就正如同首先的「**逾越節**」一樣，耶和華神向「世界-地上的政權」(埃及帝國) 彰顯祂對以色列的「**守約-救贖**」。

耶穌說『我與「父神耶和華」原為一。』約翰福音 10:30

『不要哭！看吧，那從 (以色列家)「**猶大支派**」出來的獅子 -「**大衛的根**」已經得勝了。』啟示錄 5:5

---

[2] 出埃及記 15:3『耶和華是 **戰士**；祂的名是耶和華。』

八、詩篇伴讀: 95 篇:

1 來啊，我們要向耶和華歌唱，
向拯救我們的磐石歡呼！

2 我們要來感謝祂，
用詩歌向祂歡呼！

3 因 **耶和華** 為 大上帝，
為大王，**超乎萬神之上**。[3]

7 因為祂是我們的上帝；
我們是祂草場的羊，是祂手下的民。
惟願你們今天聽祂的話：

---

[3] 這讓我們想到葉忒羅對以色列人所做的見證和信心喊話：『耶和華 是應當稱頌的；祂救了 你們 脫離埃及人和法老的手，將這百姓從埃及人的手下 救出來。我現今在埃及人向這百姓發狂傲的事上得知:**耶和華「比萬神都大」**。』另參《奧秘之鑰-解鎖妥拉:出埃及記》No.5 妥拉<葉忒羅>篇之第二段文字信息「葉忒羅的信心與見證」。

# 逾越節 綜論 (חג פסח)[1]

## 一、重生、得自由、得救贖 的節期:

在出埃及的過程中，以色列百姓他們經歷到什麼？ 他們經歷到的是一個靈裡的**重生 Reborn**、 得自由、得救贖。

耶和華神祂是一位「守約、施慈愛」的神，在出埃及的這個事件當中，透過祂「**大能的手**」[2]，施展 十災，向法老、向埃及帝國、也向以色列百姓、向全世界來顯明: **祂就是統管歷史、創造天地的造物主。**

**逾越節** 作為以色列百姓「第一個」要去守的節期， 其背後的精神是在表達出: 一個「**新生命**」的開始。

## 二、舊系統、舊結構: 埃及 的「奴役」:

如果去讀出埃及記的前面，從第一章一直到第十二章，那我們會看到耶和華神在做一件事: 祂要「**恢復**」以色列百姓的 **Identity** 、他們「**真實的身分**」。因為他們不是奴隸，不是「生來」就要替法老做「苦工」。但問題是在出埃及記一開始，看到的是: 以色列百姓被法老「奴役」、被法老壓迫，出埃及記 1:13:

『埃及人 嚴嚴地 使以色列人 做工。』

於是，耶和華神透過摩西，告訴法老，並告訴以色列人說 **No!** 你們以色列人的身分 **不是奴隸**，你們 **不是勞工**，你們真正的身分是「**耶和華神的兒子**」[3]。所以接著十災就展開了。十災的展開，就是為著要讓以色列百姓可以「脫離」法老的控制，「脫離」法老的這個罪惡權勢。

因此，當埃及的舊系統「被打碎、刪除」後，耶和華神立刻就要給以色列百姓「安裝」一個 新系統，那就是: 一個以「**出埃及事件**」為核心的嶄新體系，由此，確立一個 新起點、新曆法、新座標、新的時間 和 新的身分。

---

[1] 關於逾越節這個做為耶和華神所設立的第一個節期的「發生及由來」，請讀者詳參《奧秘之鑰-解鎖妥拉:出埃及記》No.1 妥拉<名字>篇、No.2 妥拉<我顯現>篇、以及 No.3 妥拉<來到>篇的所有文字信息。

[2] 當摩西開始「懷疑」出埃及的「拯救行動」任務，並向耶和華抱怨，耶和華神在 出埃及記 6:1 回覆摩西:『現在 你將會看見我 (準備) 向法老所要行的事，使他因 我「大能的手(יָד חֲזָקָה)」容以色列人去，且又因 我「大能的手(יָד חֲזָקָה)」(法老會被迫要) 趕他們 出他的地。』

[3] 出埃及記 4:22『你 (摩西) 要對法老說:『耶和華這樣說:以色列是 我的兒子，我的長子。』

三、新系統:「逾越節」條例: [4]

如前文所述,埃及的「舊系統」崩塌瓦解後,應運而生的是耶和華神設計的「新體系」,這個新系統是以「**逾越節-出埃及 事件**」為核心,來給以色列百姓重灌系統、重設「**新座標**」、重訂「**新時間**」、重獲「**新生命**」、重得「**新身分**」、重新認識「**新權柄**」。

以色列百姓<**來到**>一個靈命的分界,準備要「**跨越、逾越**」這個分水嶺,來到一個「嶄新」境界。這個「新系統」底下分成: **逾越節、正月、無酵餅、苦菜** 四點扼要說明:


**1. 逾越節:** 希伯來文為 (פֶּסַח) 和動詞「逾越」(פָּסַח) 同一字根。出 12:27:

『當以色列人在埃及的時候,祂 (耶和華) 擊殺埃及人,
「越過」(פָּסַח) 以色列人的房屋,救了我們各家。』

因此,**逾越節** 首要紀念的是: 耶和華神的「救恩」,祂那大能的手所施展的「救贖」之工,祂「特意存留」這群奴隸,並非因為這群百姓有多討人喜歡,而是因為耶和華神與他們的先祖「**立約**」,而現在祂要「**守約**」。

出 12:42 這節經文說的很感人,經文說到以色列百姓離開埃及的「那夜」『是耶和華神「守夜、保守」的一個夜晚 (לֵיל שִׁמֻּרִים)。』這夜,是專為以色列百姓設立的,為要讓他們蒙受耶和華神的細心保護: 毫無攔阻地 出埃及。

「**逾越**」也象徵著,百姓即將「**跨越**」舊世界,來到新領地。這個「**越過**」本來中間有一道「極深、極廣」的鴻溝 (法老、埃及),是「無法」跨越、「不可能」越過的,但因著耶和華神的權柄、榮耀和救贖之恩,以色列百姓才得橫渡,而這個「**逾越**」絕不容延遲 或絲毫的猶豫,必須「下定決心、快速越過」,否則仍會被舊體系抓住、吞噬,繼續向下沉淪。

因此,出 12:11 說:『你們吃羊羔當 **腰間束帶,腳上穿鞋,手中拿杖**,趕緊地吃;逾越節「是為著」耶和華神的 (פֶּסַח הוּא לַיהוָה)。』這裡清楚的表明: 離開埃及的這一日,必須動作「迅速」,因為這一天是 朝向、<**來到**> 耶和華神 (所設定的目標) 面前,大家都要『**向著標竿 直跑-奔跑**。』

---

[4] 本段文字收錄自《奧秘之鑰-解鎖妥拉:出埃及記》No.3 妥拉<來到>篇之第八段文字信息。

**2. 正月:** 希伯來文為(רֹאשׁ חֳדָשִׁים)，意為「諸月之首」，也就是「第一個月」。

在出 12:2 節，按原文直譯，耶和華說:

『這個月 對你們而言 乃是 諸月之首，
它對你們而言是一年(所有)月份之 首。。』

הַחֹדֶשׁ הַזֶּה לָכֶם רֹאשׁ חֳדָשִׁים:
רִאשׁוֹן הוּא לָכֶם לְחָדְשֵׁי הַשָּׁנָה

耶和華神告訴以色列民，這個月，是你們「見證」埃及舊體系崩塌、「離開」舊世界、「脫去」老我的月份，它標誌著以色列百姓靈命「重生」、「更新」的光榮時刻，所以，它就是你們「出生」的月份。

以色列，現在是作為耶和華神的軍隊，以一個團結一致、齊心向上的「民族」姿態出現。所以，現在已經「丟棄」老舊的埃及曆法和時間，要使用一個新的曆法。因此，**數算時間** 的「**根據、原點 和 中心**」就要從「**出埃及**」事件的時間點算起，因為這個月是: **老我被破碎、耶和華施展救贖、我得重生** 的「誕辰」紀念日 ，每年都必須要「紀念」這個「生日」: 逾越節。

論到 正月，看看聖經的記載，會知道在「正月」還發生了另外兩項重大事件:

第一、正月，是 洪水完全退去 的月份，代表 春天 到了，一元復始，萬象更新。創 8:13 說到:『到挪亞六百零一歲，正月 初一日，**地上的水都乾了**。挪亞撤去方舟的蓋觀看，便見地面上乾了。
第二、正月，是會幕在出埃及後的第二年，在曠野被立起來，**耶和華神開始居住在其中、與百姓同在的月份**。出 40:1-2, 17:『耶和華曉諭摩西說: 正月 (亞筆月)初一日，**你要立起帳幕**，……第二年正月 初一日，**帳幕就立起來。**』

<來到> 正月，就如同過新年，要「**除舊布新**」，逾越節所謂的「**除酵**」在現今的以色列其實就是「大掃除」，家家戶戶為了要「澈底清除」酵，全家動員做清掃整潔的工作，就像: 挪亞時期的大洪水，耶和華神用大水「**強力洗淨**」汙穢的大地。

正月，是一個 生命更新，脫胎換骨的季節，脫去老我，穿上新人的衣服，正如出埃及，從為奴之地，走向真理和自由的境界。正月，是 生命被提升，預備進入到一個「更高層次」的神聖領域的時間。是一個將自己預備好，得與神親密交流、面對面的美好時光。就像 會幕被立起，以色列百姓歡迎 耶和華神與他們同

在，祂居住在其中 的時刻。

最後，正月，在希伯來聖經中的另一名稱為「亞筆」月(אָבִיב) [5]，讀音 Aviv，學過希伯來文的人知道，這個字就是「春天」之意。春季，代表一個季節循環的開始，所以華人也有句話說:『一元復始，萬象更新。』

### 3. 無酵餅: 希伯來文為 (מַצּוֹת)。出 12:17 :

『你們 要守 (這個專為「逾越節」特製的)「無酵餅」(מַצּוֹת)，
因為我正當這日 把你們的軍隊 從埃及地領出來。
所以，你們要守這日，作為世世代代永遠的定例。』

有意思的是，在希伯來文中:

「無酵餅」(מַצּוֹת)、
「誡命」 (מִצְוֺת)

這兩字的「字母拼寫」完全相同。

因此，這裡的「明喻」再清楚不過: 吃「無酵餅」就是吃「誡命」，「把守住」這個特製的餅，千萬別讓它「發酵」，要讓它成為「無酵餅」。這指的就是: 要使以色列百姓專心一致、全神貫注地「守住」神的 誡命 (מִצְוֺת) / 無酵餅 (מַצּוֹת)。

筆者在以色列的 Kibbutz (קִיבּוּץ) 做志工時，曾經問過當地的朋友，為什麼你們的先祖，當時要吃 無酵餅，我的猶太朋友這樣回答:『因為他們「趕著」要離開埃及，刻不容緩，必須「迅速」離開，所以就把才剛放進灶裡的餅，還「等不及」讓它發酵，就立刻拿出來，裝進行囊，帶了就走，所以先祖們在逃離的路途上，就只能吃這個沒有發酵的餅。』

這個回答，和出 12:39 節的經文相互吻合:

『他們用埃及帶出來的生麵，烤成無酵餅。
這生麵 原沒有發起；
因為他們「被催逼」離開埃及，
不能耽延/猶豫不決 (וְלֹא יָכְלוּ לְהִתְמַהְמֵהַּ)，
也沒有為自己預備甚麼食物。』

---

[5] 出 13:4『亞筆月 (חֹדֶשׁ הָאָבִיב) 間的這日 是你們 出來的日子。』

所謂的「**酵**」(חָמֵץ) 就是「不好的」心思,「不合乎神」的意念。所以『**不使其發酵**』指的就是: 不要讓那個使你「**遲疑不決、躊躇不前**」,想要繼續留在埃及為奴的意念「**發酵**」,一旦它「**發酵**」了,你們以色列百姓就離不開埃及,就此與上帝的救恩隔絕。

來到新約,耶穌在最後的晚餐,就是所謂的「**逾越節**」晚餐,也指著「**無酵餅**」,來預表自己即將「**被破碎**」的身體,會成為世人得救、得生命的靈糧。

正如馬太福音 26:26 記載:『他們喫的時候,耶穌拿起餅來,祝福,就「**擘開**」,遞給門徒說: 你們拿著喫,**這是我的身體**。』

無酵餅上面,那有些微烤焦的黑痕,和一個又一個的小洞,形狀看起來就像是耶穌被鞭打的一條條傷痕,以及那被釘子,釘在十字架上的釘痕。

馬太福音 5:19 耶穌說:
『所以,無論何人廢掉這 (耶和華神的) **誡命**(מִצְוֹת) 中最小的一條,又教訓人這樣做,他在天國要稱為最小的。但無論何人遵行這 (耶和華神的) **誡命**(מִצְוֹת),又教訓人遵行,他在天國要稱為大的。』


**4. 苦菜:** 希伯來文為 (מְרֹרִים)。出 12:8 :

『當夜要吃羊羔的肉;用火烤了,
與無酵餅和 苦菜(מְרֹרִים) 同吃。』

希伯來文中「**苦菜**」(מְרֹרִים) 與 「**苦**」(מָרָה) 兩字為同一字根。所以 吃苦菜,為的是要讓以色列民永遠記得,在出埃及以前,他們曾在埃及受法老「**奴役苦待**」、那永無止境的 **勞動苦痛**。

吃苦菜 是要牢記: 我們「**絕不回去**」舊系統: 埃及,因為我們已經<**來到**>耶和華神面前,領受一個新生命、重新安裝新系統。有意思的是 苦(מָרָה) 這個希伯來字,當動詞還有另一個意思,就是: 反叛 (rebell)。

因為當一個人被逼到絕境時,就會狗急跳牆,正所謂「物極必反」,因此,吃苦菜 也是要以色列民記住,他們昔日在埃及奴役的生活「**苦到極致**」,所以跟著摩西, 一起「**對抗、反叛**」這個邪惡的法老、巨大的埃及帝國,而且,最後竟然能「**以小博大、以寡擊眾**」,贏得 反叛 的「**奇蹟** [6] 般的勝利」,當然,這背後

---

[6] 因此,**正月** 的另一個稱號叫做 尼散月 (נִיסָן) 其字根(נס) 意思正好就是 奇蹟。

完全是耶和華神，袖大能的手的奇妙作為。

所以，**吃苦菜** 亦是「見證」耶和華神的名，這名:耶和華是有權柄、能力，是全地萬物的主宰、宇宙的創造者。

以上，**新系統:「逾越節」之四點條例**，就是整個 **出埃及記 12 章** 的經文脈絡:耶和華神先公告逾越節的「新系統」，然後要以色列百姓做出「宰羊-殺神」的信仰告白，接著以色列民全然遵守逾越節各項條例,新系統在百姓身上「安裝完畢」,然後耶和華神「才啟動」最後一擊的殺長子之災，待埃及所有長子被擊殺後，以色列民也「整隊完畢」,才真正是<來到>動身啟程、離開埃及的時候。

出埃及記 12 章最後兩節 50-51 節的描述，給這一整章畫下一個圓滿的註解：

> 『耶和華怎樣吩咐摩西、亞倫，以色列眾人就怎樣行了。
> 正當那日，耶和華將以色列人按著他們的軍隊，
> 從埃及地 領出來。』

四、耶穌是 逾越節 的羔羊:
耶穌代表這個「**逾越節的羔羊**」，預表著當時以色列百姓的所宰的那一頭羊。

這個羊的血，塗在門楣上，當滅命的天使來，看到這個門楣上塗抹「羔羊的血」的時候，就能免除滅命天使的擊殺。所以這個「**羔羊的血**」代表的是一個 **救贖**，或是一個 **保護**。

『耶穌是 **逾越節的羔羊**』[7]，耶穌正是在 **逾越節**，上十字架，受難受死。馬太福音 26:2，耶穌說:『你們知道，過兩天是 **逾越節**，人子將要被交給人，釘在十字架上。』

所以我們可以思想一下當時的猶太人，當時耶穌的門徒們，他們的心情是很複雜的，因為他們一方面利用幾天的時間在預備這個逾越節的羔羊。懷想著以色列的先祖當時「**出埃及**」的情景，並歡慶、紀念耶和華神的這個「**偉大救贖**」的工作。

但二方面，當時的這些門徒們，心裡面卻陷入一片愁雲慘霧中，因為這個帶領他們三年多的這位拉比、這位老師，他準備要上字架，結束他的生命。

---

[7] 哥林多前書 5:7『你們既是無酵的麵，應當把舊酵除淨，好使你們成為新團;因為我們 **逾越節的(羔羊)基督** 已經被殺獻祭了。』

47

正值逾越節，全耶路撒冷城是在一個慶典的氣氛中。但同時間，門徒們所追隨的這一位拉比:耶穌 他卻要成為「**逾越節 被殺的羔羊**」，被釘在十字架上。當耶穌上了十字架，斷氣，流出祂為眾人贖罪的寶血，完成 **贖罪祭、挽回祭** 的「偉大救贖」之工，這個時候，逾越節的這個「**救贖**」的意義達到 **最巔峰、最完滿** 的一個狀態，因為耶穌親自成為「**救贖**」以色列、救贖全人類的 **逾越節羔羊**。

因著耶穌「**完全順服**」父神耶和華，耶穌那被破碎的身體，及其所流的寶血，才使你我得以出黑暗-入光明，離開死亡，進入新生命，也得以進入這份「永恆的盟約」之中，以弗所書 2:12-13：

> 『那時，你們與 **(以色列的) 彌賽亞** 無關，
> 在以色列國民以外，在所應許的諸約上是局外人，
> 並且活在世上沒有指望，沒有上帝。
> 你們從前遠離上帝的人，
> 如今卻在 **彌賽亞耶穌** 裏，靠着 **他的血**，已經得親近了。』

在逾越節這個節期中，去思想聖子耶穌的「**完全順服**」父神耶和華，是一件非常重要的信仰功課。假如耶穌憑著「人意-血氣」帶領當時羅馬暴政下的猶太人起義，對抗羅馬政權，奪回猶大地，在耶路撒冷的第二聖殿裡「稱王做王」的話，那耶穌就「**沒有成就**」父神耶和華交付給耶穌的「**拯救世人**」的 **救贖** 工作。

當然，耶穌絕對有能力可以「自行稱王」，因為當時很多猶太人拱耶穌出來，但耶穌勝過這樣的試探，耶穌沒有這麼做，耶穌選擇「**完全順服**」父神耶和華的旨意。馬太福音 26:39：

> 『耶穌就稍往前走，俯伏在地，禱告說：
> 「我父耶和華啊！倘若可行，求你叫這杯離開我！
> 然而，**不要照我的意思，只要照祢的意思。**」』

是的，耶穌沒有憑藉著自己尊貴的身分，來做自己想做的事情，耶穌「沒有竊取」父神耶和華給予聖子耶穌的榮耀。馬太福音 11:29，耶穌說：

> 『我心裡 **柔和謙卑**，
> 你們當 **負我的軛，學我的樣式**，
> 這樣你們心裡就必 **得享安息**。』

## 逾越節 第一日讀經

「逾越節 第一日」讀經段落：
妥拉:《出埃及記》12:21-51
先知書伴讀:《約書亞記》3:5-7、5:2-6:1、6:27、《以賽亞書》43:1-15
詩篇伴讀: 105、114 篇
新約伴讀:《路加福音》22:7-20、《約翰福音》1:29-31、《歌林多前書》15:3-4

### 一、出埃及記 12:21-51：

出埃及記 12:21-51 這段經文，講到以色列百姓在埃及所過的，同時也是以色列民族史上的「**第一次逾越節**」，並且要教導自己的兒女，殺羔羊，以及「逾越節」的相關條例，『是獻給耶和華 逾越節 (פֶּסַח) 的祭。當以色列人在埃及的時候，祂 (耶和華) 擊殺埃及人，「越過」(פֶּסַח)以色列人的房屋，救了我們各家。』出 12:27

> 『這夜 是耶和華 (所特別保守) 的夜 (לֵיל שִׁמֻּרִים)；
> 因 耶和華 領他們 出了埃及地，所以當向耶和華謹守，
> 是以色列眾人「世世代代該謹守」的。』出 12:42

### 二、約書亞記 5:2-6:1、6:27：

約書亞記 5:2-6:1、6:27 這幾處經文，講到以色列百姓過約旦河之後，**在迦南地/以色列聖地的吉甲**，所過的「**第一次逾越節**」，約書亞記 5:10-11：

> 『以色列人在吉甲安營。
> 正月 十四日晚上，在耶利哥的平原「守逾越節」。
> 逾越節的次日，他們就吃了那地的出產；
> 正當那日吃無酵餅和烘的穀。』

### 三、以賽亞書 43:1-15：

以賽亞書 43:1-15 節這段 同樣是論到耶和華對以色列施展「**大能救贖**」的經文，說明耶和華神從古至今，都是作為「**以色列的聖者**」、「**以色列的拯救者**」的上帝：

『**雅各啊，創造你的耶和華，以色列啊，造成你的那位，現在如此說：你不要害怕！因為我救贖了你。我曾提你的名召你，你是屬我的。**

你從水中經過，**我必與你同在**；你淌過江河，水必不漫過你；你從火中行過，必不被燒，火焰也不著在你身上。

因為 我是耶和華－你的上帝，是 以色列的聖者－你的救主；我已經使 埃及 作**你的贖價**，使古實和西巴代替你。

**因我看你為寶為尊**；又因 我愛你，所以我使人代替你，使列邦人替換你的生命。

耶和華說：**你們** (以色列百姓) **是我的見證**，我所揀選的僕人。既是這樣，便可以知道，且信服我，又明白我就是耶和華。**在我以前沒有真神；在我以後也必沒有**。

惟有我是耶和華；**除我以外 沒有救主**。

我曾指示，我曾拯救，我曾說明，並且在你們中間沒有別神。所以耶和華說：**你們** (以色列) **是我的見證**。我也是上帝；』

四、詩篇 105 篇：
5-6 祂僕人亞伯拉罕的後裔，
祂所揀選雅各的子孫哪，
**你們要記念 祂奇妙的作為 和 祂的奇事，**
並祂口中的判語。

7 祂是耶和華－我們的上帝；
全地都有祂的判斷。

8-10 祂「記念」祂的約，直到永遠；
祂所吩咐的話，直到千代－
就是與 亞伯拉罕「所立的約」，
向 以撒「所起的誓」。
祂又將「這約」向 雅各「定為律例」，
向 以色列 定為「永遠的約」，[1]

42-44 這都因祂「記念」祂的聖言
和他的僕人 亞伯拉罕。

---

[1] 同參《奧秘之鑰-解鎖妥拉:利未記》No.10 妥拉<在我的律例>篇之第五段信息「守約的神」。

祂帶領百姓歡樂而出，
帶領選民歡呼前往。
**祂將 列國的地 賜給他們，**
他們便承受眾民勞碌得來的，

45 好使他們遵守 祂的律例，
守 祂的律法。

你們要讚美耶和華！


六、詩篇 114：
1 以色列 出了埃及，雅各家 離開說異言之民。
2 那時，猶大 為 主的聖所，以色列 為祂所治理的國度。
3 滄海看見就奔逃，約旦河也倒流。
4 大山踴躍如公羊，小山跳舞如羊羔。

# 逾越節 第二日讀經

「逾越節 第二日」讀經段落：
妥拉:《利未記》22:26-23:44
先知書伴讀:《列王記下》23:1-9、23:21-25
詩篇伴讀: 66、78、106 篇
新約選讀:《啟示錄》15:1-4

## 一、利未記 22:26-23:44：

『你們要謹守遵行我的誡命。我是耶和華。你們不可褻瀆我的聖名；我在以色列人中，卻要被尊為聖。我是叫你們成聖的耶和華，把你們 從埃及地領出來，作你們的上帝。我是耶和華。』利未記 22:31-33

逾越節第二日妥拉讀經進度,也包含了利未記 23 章「整個-所有」耶和華節期 的經文段落,顯見耶和華說:在曠野學習向我「守節」不是只守一個節期而已,而是守「一整套」的節期。出埃及記 5:1

因為 節期 (חג) 這個希伯來字,當動詞是『圍著一個中心點,轉圈圈』的意思,所以 守節,是圍著耶和華,以神為中心,展開一個「時間的同心圓」的行進。所以節期的概念,是「一套」節期,一個「同心圓」的節期: 從逾越節-初熟節-五旬節-吹角節-贖罪日-住棚節。以此為一個循環,年復一年,周而復始。

## 二、列王記下 23:1-9、23:21-25：

耶和華神帶領以色列 出埃及的「目的」,是要他們盡心盡性地順從耶和華神,遵守祂的誡命、法度、律例,成為「神的子民」,過「成聖」的生活:

『王和猶大眾人與耶路撒冷的居民,並祭司、先知,和所有的百姓,無論大小,都一同上到耶和華的殿;王就把 耶和華殿裏 所得的 約書 (妥拉) 念給他們聽。王站在柱旁,在耶和華面前 立約,要盡心盡性地順從耶和華,遵守祂的誡命、法度、律例,成就這書上 所記的約言。眾民都服從 這約。』列王記下 23:2-3

『王吩咐眾民說:「你們當照 這約書 (妥拉) 上所寫的,向耶和華－你們的上帝守 逾越節。」自從士師治理以色列人和以色列王、猶大王的時候, 直到如今,實在沒有守過這樣的 逾越節;只有約西亞王十八年在耶路撒冷向耶和華守 這逾越節。』列王記下 23:21-23

## 三、啟示錄 15:1-4：

耶和華神不僅因為祂和以色列先祖「**立約**」，也向以色列「**守約**」，施展大能神蹟奇事的救贖，所以出現 **耶和華神的第一個節期:「逾越節」**，更也差派祂的愛子: 彌賽亞耶穌，這位 以色列的王，「**逾越節**」被殺的羔羊，要來拯救世人:

『唱上帝僕人 **摩西的歌** 和 **羔羊的歌**，說：主上帝－全能者啊，祢的作為大哉！奇哉！萬世(萬國)之王啊，祢的道途義哉！誠哉！主啊，誰敢不敬畏祢，不將榮耀歸與 祢 (耶和華神) 的名 呢？因為獨有祢 (耶和華) 是聖的。萬民都要來在祢面前敬拜，因祢公義的作為已經顯出來了。』啟示錄 15:3-4

逾越節，就是紀念 **耶和華神偉大作為-施行神蹟奇事** 的「第一個」耶和華的節期。 終末的救贖，彌賽亞的再來，還會「重現」出埃及記那樣史詩般的「**終極拯救**」。在末後的日子，耶和華神會再一次對抗，那世界-地上的政治強權 (敵彌賽亞-反耶和華神) 的強大帝國，就如同當年文明發展到極致顛峰的:埃及帝國。

## 四、詩篇 66：

5 你們來看上帝所行的，
祂向世人所做之事是可畏的。

6 **祂將海變成乾地，眾民步行過河；**
我們在那裏因祂歡喜。

7 祂用權能治理 萬民，直到永遠。
祂的眼睛 **鑒察列邦**；
悖逆的人 不可自高。

16 凡敬畏上帝的人，你們都來聽！
我要 **述說** 祂為我所行的事。[1]

## 五、詩篇 78：

4 我們不將這些事向他們的子孫隱瞞，
要將耶和華的美德和祂的能力，
**並祂奇妙的作為，述說給後代聽。**

---

[1] 出埃及記 10:2『並要叫你將我向埃及人 **所做的事**，和在他們中間 **所行的神蹟**，傳於 你兒子和你孫子的 耳中，好叫你們知道 我是耶和華。』

5 因為，祂在雅各中 立法度，
在以色列中 設律法 (妥拉)；
是祂吩咐我們祖宗 要傳給子孫的，[2]

6 使將要生的 後代子孫 可以曉得；
他們也要起來 告訴 他們的子孫，

六、詩篇 106：
6 我們與我們的祖宗一同犯罪；
我們作了孽，行了惡。

8 然而，祂 因自己的名 拯救他們，
為要 彰顯祂的大能，

10 祂拯救他們 脫離恨他們人的手，
從仇敵手中 救贖他們。

24 他們又藐視那美地，
不信祂的話

27,41 (耶和華) 叫他們的後裔 倒在列國之中，
分散在各地 。將他們 交在外邦人 的手裏；[3]
恨他們的人就轄制他們。

44-45 然而，祂聽見他們哀告的時候，
就眷顧他們的急難，為他們 記念祂的約，
照祂 豐盛的慈愛 後悔。

47 耶和華－我們的上帝啊，求祢 拯救 我們，
從外邦中 招聚我們，[4]

---

[2] 出埃及記 13:8-10『當那日，你要告訴你的兒子說：『這是因耶和華在我出埃及的時候為我所行的事。這要在你手上作記號，在你額上作紀念，**使 耶和華的律法 常在你口中**，因為耶和華曾用大能的手將你從埃及領出來。所以 **你每年 要按着日期 守這例。**』
[3] 同參《奧秘之鑰-解鎖妥拉:申命記》No.2 妥拉<我懇求>篇之第三段信息「趕散與回歸」、《申命記》No.7 妥拉<進來>篇之第五段信息「分散在萬民中」、《申命記》No.10 妥拉<側耳聽>篇之第三段信息「耶和華交出他們」。
[4] 同參前文 I 節期總論、第十篇文章「禧年的終末論」。

我們好稱讚 祢的聖名，
以讚美祢為誇勝。

48 耶和華 以色列的上帝 **(יְהוָה אֱלֹהֵי יִשְׂרָאֵל)** [5] 是應當稱頌的，
從亙古直到永遠。
願眾民都說：阿們！

你們要讚美耶和華！

---

[5] 「耶和華 以色列的上帝」這個稱號遍布在整本聖經當中。這個稱號第一次出現，就是在出埃及記 5:1 的經文中『後來摩西、亞倫去對法老說：「耶和華 以色列的上帝 這樣說：『容我的百姓去，在曠野向我守節。』』

## 逾越節 第三日讀經

「逾越節 第三日」讀經段落：
妥拉:《出埃及記》13:1-16
詩篇伴讀: 75、80 篇
新約伴讀:《歌林多前書》15:20-23、《羅馬書》4:25、《使徒行傳》26:22-23、《約翰福音》20:1-29

### 一、出埃及記 13:1-16：

耶和華曉諭摩西說:「以色列中凡 頭生的 ，無論是人是牲畜，都是我的，要分別為聖歸我。」出埃及記 13:1-2

『將來，耶和華照他向你和你祖宗所起的誓將你領進迦南人之地，把這地賜給你，那時你要將一切 頭生的，並牲畜中 頭生的，歸給耶和華；公的都要屬耶和華。』出埃及記 13:11-12

### 二、哥林多前書 15:20-23、羅馬書 4:25、使徒行傳 26:22-23：

逾越節第三日，是數俄梅珥第 2 日，也是「初熟之日/初熟節」(יוֹם הַבִּכּוּרִים)，是日為耶穌復活的日子。

當耶穌復活後，向門徒顯現，並和門徒相處最後的時光，耶穌和門徒們也正在天天「數俄每珥」，數算「神的恩典」，數算父神耶和華，藉著愛子耶穌所成就偉大的「救贖」工作。所以，新約伴讀的選讀經文，都與「耶穌復活」、耶穌是「初熟的果子」有關。

『但彌賽亞已經 從死裏復活，成為睡了之人 初熟的果子。』林前 15:20

『耶穌被交給人是為我們的過犯；復活 是為叫我們稱義。』 羅馬書 4:25

『然而我蒙上帝的幫助，直到今日還站得住，對著尊貴、卑賤、老幼作見證；所講的並不外乎 眾先知 和 摩西所說(妥拉) 將來必成的事，就是彌賽亞必須「受害」，並且因從死裏「復活」，要首先把光明的道傳給 (以色列) 百姓和外邦人。』使徒行傳 26:22-23

## 三、耶穌的榜樣 - 歸耶和華為聖：

不論是「頭生-初熟的」，我們都看到一個神的法則，就是要『**歸耶和華為聖**』，要很嚴肅看待、緊守護衛這「頭生-初熟的」不論是人、或牲畜，是要獻給神的，因為這乃上神所賞賜-給予的，不能據為己有。

而耶穌，也已立下一個美好的榜樣，祂是父神耶和華的「**獨生/首生**」的愛子，而且耶穌耶願意「**完全順服**」，將自己『**歸耶和華為聖**』獻給父神，成為眾人的挽回祭、贖罪祭。

雖然耶穌『他本有神的形象，卻不以自己與神同等為強奪的，反倒 **虛己**，取了 **奴僕** 的形象，成為 **人的樣式**。』腓立比書 2:6-7

## 四、詩篇 75：

1 上帝啊，我們稱謝祢，我們稱謝祢！
因為祢的名相近，人都 **述說** 祢奇妙的作為。

9 但我要宣揚，直到永遠！
我要歌頌 **雅各的上帝 (אֱלֹהֵי יַעֲקֹב)**！

10 惡人一切的角，我要砍斷；
惟有義人的角必被高舉。

## 五、詩篇 80：

1 領約瑟如領羊群之 **以色列的牧者 (רֹעֵה יִשְׂרָאֵל)** 啊，求祢留心聽！
坐在二基路伯上的啊，求祢發出光來！

3 上帝啊，**求你使我們回轉**，
使祢的臉發光，我們便要得救！

14 **萬軍之上帝 (אֱלֹהִים צְבָאוֹת)** 啊，求祢回轉！
從天上垂看，眷顧這葡萄樹 (以色列)，

15 保護祢右手所栽的
和祢為自己所堅固的枝子。

17 願祢的手扶持 祢右邊的人，
就是祢為自己 所堅固的人子。

18 這樣，我們便不退後離開祢；
求祢救活我們，我們就要求告祢的名。

19 耶和華－萬軍之上帝啊，**求祢使我們回轉**，
使祢的臉發光，我們便要得救！

# 逾越節 第四日讀經

「逾越節 第四日」讀經段落：
妥拉:《出埃及記》22:25-23:19
詩篇伴讀:105 篇


## 一、出埃及記 22:25-23:19：

從妥拉選讀的經文: 出埃及記 22:25-23:19 這段經文內容中，可以看得很清楚，耶和華神要以色列百姓在「出埃及-過了第一個逾越節」之後，就「要預備」開始進入「新生活」運動，日後的以色列社會建構，「絕不可以」像埃及帝國那樣苦待寄居者、壓迫奴隸，充滿不公不義，反而是要照 耶和華神所頒布的 律例、典章 來施行「憐憫-公義」。

『我民中有貧窮人與你同住，你若借錢給他，不可如放債的向他取利。你即或拿鄰舍的衣服作當頭，必在日落以先歸還他；因他只有這一件當蓋頭，是他蓋身的衣服，若是沒有，他拿甚麼睡覺呢？他哀求我，我就應允，因為我是有恩惠的。』出埃及記 22:25-27

『不可欺壓寄居的；因為 你們在埃及地作過寄居的，知道寄居的心。』[1] 出埃及記 23:9

以色列百姓日後過約旦河，進入迦南地的生活，整個國家-民族-社會的生活，都要『以耶和華神為中心』，除了人要尊主為大，就連 土地，也要 向耶和華神 守安息：[2]

『只是 第七年 要叫地 歇息，不耕不種，使你民中的窮人有吃的；他們所剩下的，野獸可以吃。你的葡萄園和橄欖園也要照樣辦理。「六日你要做工，第七日要安息，使牛、驢可以歇息，並使你婢女的兒子和寄居的都可以舒暢。』出埃及記 23:11-12

最後，因著 出埃及，因著過了歷史上第一次的「逾越節」，由此，以色列百姓就可以「開始進入」-「耶和華節期」的「神聖時間」循環體系之內。所以在逾越節第四日的妥拉選讀經文中，是整本聖經「第一次」提到 耶和華神的 三大節期:

---

[1] 同參《奧秘之鑰-解鎖妥拉:申命記》No.6 妥拉<出去>篇之第四段信息「照顧弱勢」。
[2] 同參前文 I 節期總論、第八篇文章「安息年」、《奧秘之鑰-解鎖妥拉:申命記》No.4 妥拉<看哪>篇之第四段信息「重提安息年」。

除酵節(逾越節) - 收割節(五旬節) - 收藏節(住棚節)

一年三次，你要向我守節。你要守「除酵節」[3] (**חַג הַמַּצּוֹת**)，照我所吩咐你的，在亞筆月內所定的日期，吃無酵餅七天。誰也不可空手朝見我，因為你是 這月 出了埃及。又要守「收割節」(**חַג הַקָּצִיר**)，所收的是你田間所種、勞碌得來初熟之物。並在年底收藏，要守「收藏節」(**חַג הָאָסִף**)。[4] 一切的男丁要一年三次朝見主耶和華。出埃及記 23:14-17

## 二、詩篇 105：

1 你們要稱謝耶和華，求告祂的名，
在萬民中傳揚祂的作為！

2 要向祂唱詩歌頌，
談論 祂一切奇妙的作為！

3 要以 祂的聖名 誇耀！
尋求耶和華的人，心中應當歡喜！

4 **要尋求耶和華與祂的能力，**
**時常尋求 祂的面。**

5 祂僕人 亞伯拉罕 的後裔，
祂所揀選 雅各 的子孫哪，
你們要記念 祂奇妙的作為 和祂的奇事，
並 祂口中的判語。

8 祂記念祂的約，直到永遠；
祂所吩咐的話，直到千代

---

[3] 「除酵節 (**חַג הַמַּצּוֹת**)」希伯來原文指的是「**無酵餅** 的節期」。
[4] 當聖經第一次提到節期的名稱，都是跟「**農事-豐盛-豐收**」的意象有關，所以背後(屬靈含意)的信息乃是: **對準「神的時間和祂的節期」**即能帶來生命的 **豐盛**。

9-10 就是與 亞伯拉罕 所立的約，
向 以撒 所起的誓。
祂又將 這約 向 雅各 定為律例，[5]
向 以色列 定為 永遠的約，

11 說：我必將迦南地 賜給你，
作你產業的分。

12-13 當時，他們 人丁有限，數目稀少，[6]
並且在那地為寄居的。
他們 從這邦遊到那邦，
**從這國行到那國**。

14 祂不容甚麼人欺負他們 (以色列民)，
為他們的緣故責備君王，

42 這都因祂「記念」祂的聖言
和祂的僕人 **亞伯拉罕**。[7]

43 祂帶領百姓歡樂而出，
帶領選民歡呼前往。

44-45 祂將列國的地 賜給他們 (以色列民)，
他們便承受眾民勞碌得來的，
好使他們遵 祂的律例，
守 祂的律法。

你們要讚美耶和華！

---

[5] 同參《奧秘之鑰-解鎖妥拉:出埃及記》No.1 妥拉<名字>篇之第六段信息「耶和華的名:亞伯拉罕-以撒-雅各的神」。

[6] 申命記 7:7『耶和華專愛你們，揀選你們，並非因你們的人數多於別民，原來你們的人數 在萬民中 是最少的。』

[7] 亞伯拉罕，是耶和華神在人類歷史上呼召出來進行「**修復世界**」的第一人，同參《奧秘之鑰-解鎖妥拉:創世記》No.3 妥拉<離去>篇之第一段信息「展開信心的旅途」。

# 逾越節 第五日讀經

「逾越節 第五日」讀經段落：
妥拉:《出埃及記》34:1-26
先知書伴讀:《以西結書》37:1-14
詩篇伴讀: 135 篇

一、出埃及記 34:1-26：

這段經是講述到，以色列百姓犯了「拜偶像-金牛犢」的「**死罪**」，但因著摩西的代求，卻帶出了耶和華神對以色列百姓那「極其深刻，又無限寬廣」的「**憐憫-慈愛-恩典**」的屬性：

『耶和華在摩西面前宣告 說：「耶和華，耶和華，是 **有憐憫 有恩典** 的上帝，不輕易發怒，並有 **豐盛的慈愛和誠實**，為千萬人 **存留慈愛**，赦免罪孽、過犯，和罪惡，萬不以 有罪的為無罪，必追討他的罪，自父及子，直到三、四代。」出埃及記 34:6-7

摩西急忙伏地下拜，說：「主啊，我若在你眼前蒙恩，求祢在我們中間同行，因為這是 硬著頸項的 百姓。又求祢 赦免 我們的 罪孽和罪惡，以我們為祢的產業。」』出埃及記 34:8-9

以色列百姓能夠出埃及，離開為奴之地，並非這群「卑賤的」希伯來人「做了什麼」，正好相反，他們當時只是「什麼都不是」的奴隸，但只因耶和華神是一位「守約」的神、「信實」的上帝，因著祂那『**無盡的恩典-憐憫-慈愛**』，以色列百姓才蒙救贖。[1]

『你們得救是「**本乎恩**」，也因著信。**這並不是出於自己，乃是神所賜的；也不是出於行為**，免得有人自誇。』以弗所書 2:8-9

---

[1] 申命記 9:5-6『你進去得他們的地，**並不是 因你的義**，也不是因你 心裏正直，乃是因這些國民的惡，耶和華－你的上帝將他們從你面前趕出去，又因 **耶和華 要堅定**他向你列祖 亞伯拉罕、以撒、雅各 起誓所應許的話。「你當知道，耶和華－你上帝將這美地賜你為業，並不是因你的義；你本是 硬着頸項的百姓。』同參《奧秘之鑰-解鎖妥拉:申命記》No.3 妥拉<如果>篇之第四段信息「以色列的不義」。

## 二、以西結書 37:1-14：

這段經文就是以西結著名「**枯骨復活**」的異象和預言。

逾越節，讀這段「**枯骨復活**」的經文再適合不過，因為逾越節，本就是紀念耶和華施行「**神蹟奇事**」，用「**大能的手**」、伸出來的**膀臂**，來「**強力拯救**」以色列百姓，使他們那近乎取死的生命和靈性，得著 **復活** 的一個「**耶和華節期**」。

耶和華神對以色列的拯救「**貫穿**」各個世代，不論耶和華神對抗「**地上執政掌權**」的王和統治者是誰，是埃及法老、是波斯帝國的魔君，還是德國的希特勒……從古到今、從昨日到今日、從過去到未來、從亙古到永遠，耶和華神都是那位「**永不改變**」，「**立約-守約**」，並且「**堅定**」與 (亞伯拉罕-以撒-雅各及其後裔) **盟約** 的上帝。

主對我說：「人子啊，**這些骸骨** 就是 **以色列全家**。他們說：『我們的骨頭枯乾了，我們的指望失去了，我們滅絕淨盡了。』所以你要發預言對他們說，主耶和華如此說：『我的民哪，**我必開你們的墳墓，使你們從墳墓中出來，領你們進入以色列地。我的民哪，我開你們的墳墓，使你們從墳墓中出來，你們就知道 我是耶和華。我必將我的靈 放在你們裏面，你們就要 活了。我將你們 安置在本地，**你們就知道我－耶和華如此說，也如此成就了。這是耶和華說的。』」 以西結書 37:11-14

## 三、詩篇 135 ：

4 **耶和華揀選雅各 歸自己，**
**揀選以色列 特作 自己的子民。**[2]

5 原來我知道耶和華為大，
也知道我們的主 **超乎萬神之上。**

8 祂將埃及頭生的，
連人帶牲畜都擊殺了。

9 埃及啊，祂施行神蹟奇事，在你當中，
在法老和他一切臣僕身上。

---

[2] 申命記 32:9『耶和華的分本是 **祂的百姓**；祂的產業本是 **雅各**。』 同參《奧秘之鑰-解鎖妥拉: 申命記》No.10 妥拉<側耳聽>篇之第二段信息「眼中的瞳人」。

10-11 祂擊殺許多的民，**又殺戮 大能的王**，
就是亞摩利王西宏和巴珊王噩，並迦南一切的國王，

12 將他們的地 賞賜祂的百姓以色列 為業。

13 **耶和華啊，祢的名 存到永遠！**
耶和華啊，祢可記念的名 存到萬代！

14 **耶和華要為祂的百姓 伸冤，**[3]
為祂的僕人後悔。

19 以色列家啊，你們要稱頌耶和華！
亞倫家啊，你們要稱頌耶和華！

---

[3] 同參《奧秘之鑰-解鎖妥拉:申命記》No.10 妥拉<側耳聽>篇之第四段信息「救贖以色列」。

# 逾越節 第六日讀經

「逾越節 第六日」讀經段落：
妥拉:《民數記》9:1-14
詩篇伴讀: 66 篇


## 一、民數記 9:1-14：

這段經文的時間背景，是出埃及「一週年」，以色列百姓離開埃及整整一年的時間，準備要「在曠野過」第一個 逾越節，以茲紀念一年前偉大的「出埃及」。

這一年 (在曠野漂流) 的時間，他們「天天經歷」神蹟奇事，他們看見 白日雲柱、夜間火柱、天降嗎哪、甚至此時 神榮耀的居所:會幕 也被立起來，在以色列的營地中。

事實上，逾越節 就是「見證」耶和華神奇妙的手「介入」人類歷史，帶領以色列百姓 出死入生，雖進入人煙罕至、生存困難的曠野，但以色列民仍可以存活，所以，這樣近乎 超自然 的生存狀態，基本上也都還是 逾越節 的「現在進行式」，因為耶和華神 大能的拯救，和 神蹟奇事，仍「不斷延續」並「天天施行-運作」著。

因此，逾越節 對以色列百姓當然是一個「意義非凡-無比重大」的節期，所以百姓自然「想要-一定要」過到這個節期。

但經文提到『有幾個人因死屍而不潔淨，不能在那日守 逾越節。當日他們到摩西、亞倫面前，說:「我們雖因死屍而不潔淨，為何被阻止、不得同以色列人在所定的日期獻耶和華的供物呢？」』民數記 9:6-7

然後，解決辦法是:『你們和你們後代中，若有人因死屍而不潔淨，或在遠方行路，還要向耶和華守 逾越節。他們要在二月十四日黃昏的時候，守 逾越節。要用無酵餅與苦菜，和 逾越節 的羊羔同吃。一點不可留到早晨；羊羔的骨頭一根也不可折斷。他們要照 逾越節 的一切律例而守。』民數記 9:10-12

這就是「補過逾越節」，或稱「第二個逾越節」的由來。

因為正如民數記 9:2-3 所說:『以色列人應當在「所定的日期」守 逾越節，就是本月十四日黃昏的時候，你們要在「所定的日期」守這節，要按這節的律例典章而守。』

耶和華神，非常看重祂自己「所設定的時間-節期」，因為『這是耶和華所訂的日子』。

也因 逾越節 這節個期是要常提醒自己，這乃是我們靈裡「重生-得贖-得自由」的偉大日子，當然要「每年紀念」它。也時常告誡: 我們的生命是耶和華神『用大能的手、用重價買贖』回來的，所以 生命的主權 不在自己手上，乃是要完全交託給上帝。

另外，這段經文的最後也提到寄居在以色列中間的外人(外邦人)，能否可以「同過逾越節」的問題: 『若有外人寄居在你們中間，願意向耶和華守 逾越節，他要照 逾越節 的律例典章行，不管是寄居的是本地人，同歸一例。』民數記 9:14

二、詩篇 66 ：

3 當對神說：祢的作為 何等可畏！
因祢的大能，仇敵要投降祢。

4 全地要 敬拜祢，
歌頌祢，要歌頌 祢的名 (耶和華)。

5 你們來看 神所行的，
祂向世人所做之事 是可畏的。[1]

6 祂將海變成乾地，眾民步行過河；
我們在那裡因祂歡喜。

7 祂用權能 治理萬民，直到永遠。
祂的眼睛 鑒察列邦；悖逆的人 不可自高。

8 萬民哪，你們當稱頌我們的神，
使人得聽讚美祂的聲音。

---

[1] 出埃及記 34:10『耶和華說：「我要立約，要在百姓面前 行奇妙的事，是在遍地萬國中所行的。在你四圍的外邦人就要看見 耶和華的作為，因我向你所行的 是可畏懼的事。』

9 祂使 我們的性命 存活，
也不叫我們的腳搖動。

10 神啊，祢曾試驗我們，.
熬煉我們，如熬煉銀子一樣。

11 祢使我們進入網羅，把重擔放在我們的身上。

12 祢使人坐車軋我們的頭；
我們經過水火，祢卻使我們到豐富之地。

16 凡敬畏神的人，你們都來聽！
我要述說 祂為我所行的事。

# 逾越節 第七日讀經

「逾越節 第七日」讀經段落：
妥拉:《出埃及記》13:17-15:26
先知書伴讀:《撒母耳記下》22:1-51
詩篇伴讀: 18 篇
節期伴讀書卷:《雅歌》全卷

## 一、出埃及記 13:17-15:26：

按傳統，猶太人相信，他們是在出埃及後的第七天，也就是 **尼散月 21 號**，經歷「**紅海分開**」的神蹟。所以逾越節七日的妥拉選讀經文，從出埃及記 No.4 妥拉<容百姓去> 篇開始 [1]，講述法老「後悔」容以色列百姓離埃及，隨後派出『六百輛特選的車和埃及所有的車，每輛都有車兵長』，並且法老親自領軍，要用武力「追回-抓回」這些希伯來奴隸。

**但耶和華的手「再次介入」，神蹟再度發生**，有雲柱、火柱，出埃及記 13:21-22:『日間，耶和華在雲柱中領他們的路；夜間，在火柱中光照他們，使他們日夜都可以行走。**日間雲柱，夜間火柱，總不離開 百姓的面前。**』

及至法老的精銳部隊大軍壓境，已經追到紅海岸邊時，『**在以色列營前行走的上帝使者**，轉到他們後邊去；雲柱也從他們前邊轉到他們後邊立住。在埃及營和以色列營中間有雲柱，一邊黑暗，一邊發光，終夜兩下不得相近。』出埃及記 14:19-20

最後，摩西帶領以色列百姓，平安順利地「逾越-渡過」紅海，以色列「親眼見證」耶和華神的神蹟救贖，與對埃及的審判，因為『當日，**耶和華這樣拯救以色列人脫離埃及人的手**，以色列人「看見」埃及人的死屍都在海邊了。以色列人看見 耶和華向埃及人 所行的大事，就敬畏 耶和華，又信服他和他的僕人摩西。』出埃及記 14:30-31

然後，就是出埃及記 15 章，摩西帶領以色列百姓所唱的「**海洋之歌**」(שירת הים)，在這首詩歌中，唱出了對「**耶和華神救贖**」的頌讚和歡呼。

此外，在這首「海洋之歌」中，也唱出了很多重要的內容，這些內容乃是關乎以色列百姓「**集體民族的歷史意識**」，可以說，以色列「民族經驗的結晶體」，都濃縮在這首詩歌當中。底下，茲列舉這首「海洋之歌」當中的幾個重點：

---

[1] 同參《奧秘之鑰-解鎖妥拉:出埃及記》No.4 妥拉<容百姓去>篇。

1. 耶和華神是 **以色列的神，是先祖：亞伯拉罕-以撒-雅各的神** [2]，出 15:2：

> 『耶和華是我的力量，我的詩歌，
> 也成了我的拯救。
> 這是 **我的上帝 (אֵלִי)**，我要讚美祂，
> 是 **我父親的上帝 (אֱלֹהֵי אָבִי)**，我要尊崇祂。』

2. 耶和華神 **是為以色列而戰** 的神，當以色列遭遇禍患，面臨「種族滅絕」的時候，耶和華神總是會介入到歷史中，攔阻仇敵的攻擊和殺害 [3]，出 15:3：

> 『耶和華是 **戰士 (אִישׁ מִלְחָמָה)**；
> 祂的名是 **耶和華 (יְהוָה)**。』

3. 耶和華神是 **掌管全地、大自然** 的主，出 15:8,10：

> 『祢發鼻中的氣，水便聚起成堆，
> 大水直立如壘，
> 海中的深水凝結。』

> 『祢叫風一吹，海就把他們淹沒；
> 他們如鉛沉在大水之中。』

4. 耶和華神是 **守約-施慈愛** 的神，出 15:13：

> 『祢憑慈愛 (בְּחַסְדְּךָ) 領了 祢所贖的 百姓；
> 祢憑能力引他們到了祢的聖所。』

5. 耶和華神是 **萬神之神，在眾神以上**，出 15:11,18：

> 『耶和華啊，眾神之中，誰能像祢？
> 誰能像祢－至聖至榮，
> 可頌可畏，施行奇事？』
> 『耶和華必作王，直到永永遠遠！』

---

[2] 同參《奧秘之鑰-解鎖妥拉:出埃及記》No.1 妥拉<名字>篇之第六段「耶和華的<名>: 亞伯拉罕-以撒-雅各的神」。

[3] 另參《奧秘之鑰-解鎖妥拉:民數記》No.7 妥拉<巴勒>篇之第一段「靈界的戰爭」、第二段「反以的原型」。

## 二、 撒母耳記下 22:1-51：

選擇這段經文作為逾越節第七日的先知書伴讀，同樣是「記念-感恩」**耶和華神**在「**歷世歷代**」對祂的子民，所施行 偉大的神蹟奇事。主角是「**彌賽亞王權**」的形象代表人物:大衛王，在這段經文，如同摩西以「歌唱-詩歌」的方式，大衛這裡也唱出了一首: **耶和華神**「**戰勝**」所有仇敵之 <**勝利的凱歌**>，就如同當年**耶和華神**「**戰勝**」法老：

1 當耶和華救大衛脫離一切仇敵和掃羅之手的日子，他向耶和華念這詩，

2 說：
**耶和華** 是我的**巖石**，
我的**山寨**，我的**救主**，

3 我的上帝，**我的磐石**，我所投靠的。
祂是我的盾牌，是拯救我的角，
是我的高臺，是我的避難所。
**我的救主啊**，祢是 救我 脫離強暴的。

50 耶和華啊，**因此我要 <在外邦中> 稱謝**祢，
歌頌 祢的名。

51 耶和華賜 **極大的救恩** 給祂 所立的王，
施慈愛給 **祂的受膏者**，
就是給 **大衛** 和 **祂的後裔** ，
直到永遠!

## 三、 詩篇18：

上面先知書伴讀的撒母耳記下 22:1-51 和詩篇 18 篇，這兩段經文基本上完全一樣，都是大衛的 **勝利之歌/救贖之歌 (שירת הישועה של דויד)**。

31 **除了耶和華，誰是上帝呢?** [4]
除了我們的上帝，誰是磐石呢?

---

[4] 出埃及記 9:14『叫你 (法老) 知道 **在普天下沒有像我** (耶和華神) 的。』

46 耶和華是 **活神**。

願 **我的磐石** 被人稱頌；

願 **救我的上帝** 被人尊崇。


48 祢 **救我** 脫離仇敵，

又把我舉起，高過那些起來攻擊我的；

你 **救我** 脫離強暴的人。


四、 結語：

逾越節第「七」日，是耶和華神帶領以色列百姓「**勝過仇敵-大大得勝**」之日，同樣的，透過第七日的經文選讀，也宣告：父神耶和華，和彌賽亞耶穌寶血的大能，要在我們各人的生命中「**大大得勝**」，幫助我們「**完全戰勝**」仇敵一切攻擊-殺害-毀壞的工作。

## 逾越節 第八日讀經

「逾越節 第八日」讀經段落：
妥拉:《申命記》14:22-16:17
先知書伴讀:《以賽亞書》10:32-12:6
詩篇伴讀: 136 篇

### 一、 逾越節第八日說明：

如同五旬節、住棚節，為了讓「散居-離散」在世界各地的猶太人，(要彌補時差所造成的換日)，都能在「最大時間範圍內」過節，因此猶太人將逾越節增加一天，共八天，尼散月 22 號就成為逾越節第八日。

### 二、申命記 14:22-16:17：

以色列在領受耶和華的「恩典和救贖」後，**理應要活出『神要祂們活出的樣式』**，所以申命記這段經文，提到以色列百姓 (在進入應許之地後)，要「**秉公行義、好施憐憫**」，所要謹守遵行的誡命有哪些: 十一奉獻、要照顧寄居的、孤兒寡婦、讓土地休息的安息年、正確地對待奴僕 (絕不可以壓迫)，第七年一定要「無條件」釋放、頭生的牲畜要獻給耶和華神、務必要在『耶和華神的三大節期』放下手邊一切工作，帶著禮物來朝見神、敬拜-感謝祂。

### 三、以賽亞書 10:32-12:6：

由於第八日，主要是給「**大離散**」外地的猶太人所增補的逾越節日，所以對於那些還「未曾回歸」以色列，或者，對於那些每年逾越節晚宴要結束時，一定會說的『**明年耶路撒冷見**』(**לשנה הבאה בירושלים**) 的離散猶太人而言，在第八日讀一段「**充滿盼望**」、並且嚮往「**最終回歸**」與冀望「**終末救贖**」的先知書伴讀經文,是很能激勵人心的,而且更重要的是,這段經文甚至預言 彌賽亞 的「來歷」,及在世「作為」。因為對猶太人而言,只有彌賽亞來到,以色列才算是「完成」最終的回歸與救贖。

以賽亞書 11 章：
1 從耶西的本,必發一條;
從他根生的 枝子(נֵצֶר) [1] 必結果實。

---

[1] **拿撒勒 (נָצְרַת)** 讀音 **natsrat** 這個城市的名字，就是源自於 枝子(נֵצֶר) 讀音 **netser** 這個希伯來字。

2 耶和華的靈 必住在他身上， **2**
就是使他有智慧和聰明的靈，
謀略和能力的靈，
知識和敬畏耶和華的靈。

3 他必以敬畏耶和華為樂； **3**
行審判不憑眼見，
斷是非也不憑耳聞；

4 卻要以公義審判貧窮人，
以正直判斷世上的謙卑人，
以口中的杖擊打世界，
以嘴裏的氣殺戮惡人。

10 到那日，**耶西的根** 立作 **萬民的大旗**；
**外邦人** **必尋求他**，他安息之所大有榮耀。

11 當那日，主必二次 伸手救回 自己百姓中 所餘剩的，
就是在亞述、埃及、巴忒羅、古實、以攔、示拿、哈馬，並眾海島所剩下的。

12 他必向列國 豎立大旗，
招回 以色列 被趕散的人，
又從 地的四方 聚集 分散的猶大人。

15 耶和華必使埃及海汊 枯乾，
掄手用暴熱的風使大河分為七條，
**令人過去 不致濕腳。**

感恩的詩歌 以賽亞書 12 章：
4 在那日，你們要說： **當稱謝耶和華，求告祂的名；**
**將祂所行的 傳揚在萬民中， 提說 祂的名 已被尊崇。**

---

**2** 路加福音 4:16-19『耶穌來到 **拿撒勒**，就是他長大的地方。在安息日，照他平常的規矩進了會
堂，站起來要念 聖經。有人把先知以賽亞的書交給他，他就打開，找到一處寫着說：**主的靈
在我身上，因為他用膏膏我**，叫我傳福音給貧窮的人；差遣我報告：被擄的得釋放，瞎眼的得
看見，叫那受壓制的得自由，報告上帝悅納人的禧年。』
**3** 『耶穌說：「豈不知我應當以 **我父 (耶和華神)** 的事為念嗎？」路加福音 2:49。

5 你們要向耶和華唱歌，
因祂所行的甚是美好；
但願這事 普傳天下。

6 錫安的居民哪，當揚聲歡呼，
因為在你們中間的「以色列聖者」乃為至大。

## 四、詩篇 136：

這篇詩篇，每一節的後面都會有一句話重複的話:『**因祂的慈愛 永遠長存。**』乃因這首詩篇就是在歌頌: 歷世歷代以來，**耶和華神** 對以色列百姓所施行的「**一切拯救**」，從亙古到如今，從昨日到今日，從過去到永恆，耶和華神，這位創造天地宇宙萬物的主宰「自始至終」都是「以色列的聖者」。

2 你們要稱謝 萬神之神，
因祂的慈愛永遠長存。 **(כִּי לְעוֹלָם חַסְדּוֹ)**

4 稱謝 那獨行大奇事的，
因祂的慈愛永遠長存。

10 稱謝 那擊殺 埃及人之長子的，
因祂的慈愛永遠長存。

11 祂領以色列人 從他們中間出來，
因祂的慈愛永遠長存。

12 祂施展 **大能的手** 和 **伸出來的膀臂**， [4]
因祂的慈愛永遠長存。

13 稱謝 那分裂紅海的，
因祂的慈愛永遠長存。

---

[4] 申命記 4:34-35『上帝何曾從別的國中將一國的人民領出來，用試驗、神蹟、奇事、爭戰、**大能的手**，和 **伸出來的膀臂**，並大可畏的事，像耶和華－你們的上帝在埃及，在你們眼前為你們所行的一切事呢？這是顯給你看，要使你知道，**惟有耶和華－祂是上帝，除祂以外，再無別神**。』申命記 7:18-19『**要牢牢記念 耶和華－你上帝** 向法老和埃及全地所行的事，就是你親眼所看見的大試驗、神蹟、奇事，和 **大能的手**，並 **伸出來的膀臂**，都是耶和華－你上帝領你出來所用的。』

14 祂領以色列 從其中經過，
因祂的慈愛永遠長存；

15 卻把法老和他的軍兵 推翻在紅海裏，
因祂的慈愛永遠長存。

21 祂將他們的地賜祂的百姓為業，
因祂的慈愛永遠長存；

22 就是賜祂的僕人以色列為業，
因祂的慈愛永遠長存。

23 祂顧念我們在卑微的地步，
因祂的慈愛永遠長存。

24 祂救拔我們脫離敵人，
因祂的慈愛永遠長存。

26 你們要稱謝天上的上帝，
因祂的慈愛永遠長存。

# 五旬節 綜論 (חג שבועות)

## 一、五旬節: 收割節、七七節、初熟之日:

五旬節在經文裡有三個別名，第一個出現在 出埃及記 23:16 節，叫「**收割節**」，希伯來文(**חג הקציר**)，那是因為在這一天，以色列百姓終於等到 小麥的初熟，所以他們可以進行「**收割**」的動作。

第二個別名叫「**七七節**」，經文在出埃及記 34:22 節，希伯來文(**חג שָׁבֻעֹת**)，(**שָׁבֻעֹת**) 的意思是 **weeks**，好幾個禮拜，其實就是 七個禮拜，因為耶和華神吩咐以色列百姓在逾越節後的第一個安息日的隔天，從這一天開始要數 四十九 天大麥的禾捆、然後到第五十天，就是 五旬節，所以又叫做 七七節。

第三個別名叫「**初熟之日**」，經文在民數記 28:26 節，希伯來文 (**יום הבכורים**)。

## 二、收割、豐盛:

五旬節這個節期首先要表達的是一個「**收割、豐盛**」的意象。耶和華神在曠野的時候，其實就已先教導以色列百姓要學習去「**對準**」神的時間，要他們「**先憑信心**」領受學習神的節期和時間，因為，以色列百姓要等到過約旦河，進迦南地，得地為業，開始耕種時，才能實際地去體會、去經驗這個「**對準**」**神的時間**，所帶來的「**收割、豐盛**」的信心功課。

## 三、獻上 初熟之物:

此外，在五旬節，耶和華神吩咐以色列百姓，要把「初熟的果子、初熟之物」**獻給神**，獻這個初熟之物表示說: 我辛辛苦苦，過去幾個月來、半年來，流淚撒種的這個成果，**不會據為己有**，我乃是先把它 **帶到耶和華神的面前**，**歸給上帝**，**我感謝神**，因為是祢讓土地得以生養，這些作物是祢讓天上下雨，使我能夠得豐收。

## 四、數俄梅珥、數算恩典、全人歸主:

在逾越節和五旬節的中間，要 **數俄梅珥**，**俄梅珥** 是一個計量單位，一捆(大麥)就是一個俄梅珥。

數俄梅珥，其實就是：**數算 神的恩典**，數 49 天，數算著神對你的救贖，因為當以色列百姓離開埃及時，耶和華神叫他們要過逾越節。而在逾越節到五旬節的這 50 天當中，他們要去思想、要去靜默，以至於最後，各人都願意將自己的全人、全心都完全獻給神，被耶和華神所使用。

## 五、頒布神的聖法、十誡、妥拉：

因為當以色列百姓來到西奈山，耶和華神頒布十誡，頒布祂的聖法。百姓的反應是：『凡耶和華神所說的、所吩咐的，**我們都願意遵行**』，以色列百姓願意「完全歸順」於神，成為被揀選的族類，是君尊的祭司，是聖潔的國度，是神的子民。

現在猶太人過五旬節，其實也是在紀念他們在西奈山領受耶和華神頒布的妥拉，所以五旬節又叫做「**妥拉降示節**」或「**妥拉頒布節**」(מַתַּן **תּוֹרָה**)。

在出埃及記 24:7 這邊說，凡耶和華神所吩咐的『**我們都必遵行**』，『**我們都必遵行**』希伯來原文是：

נַעֲשֶׂה וְנִשְׁמָע

We will **do** and we will **hear.**

所以這意思其實是說：耶和華神所吩咐的，我們沒有任何的猶豫，沒有任何的懷疑，我們就直接去執行、直接去做，然後我們才來聽，才來理解 為什麼神要我們這麼做。因為，現在的我不是自己，我的生命是耶和華神華你所救贖、買贖回來的，是完全屬於祢的。

## 六、耶穌「對準」父神耶和華的節期：

耶穌道成肉身，救贖的工作，以及神國度福音的開展，其實都是以耶和華神的時間，以「**耶和華的節期**」為中心展開的，都是「**對準**」父神的時間，我們說:耶穌是 **逾越節的羔羊**、耶穌是 **睡了之人初熟的果子**，同樣的，耶穌囑咐門徒們，在 **五旬節** 的時候，不要離開耶路撒冷，要等候父神耶和華所應許的 **聖靈**，因為正是在 **五旬節** 的這一天，你們要受 **聖靈** 的洗，和 **真理的聖靈** 充滿。

當門徒們在耶穌復活後，一直到五旬節這中間的 49 天，他們也去思想，也去紀念耶穌的救贖之工，因為他們看到耶穌「被釘死」，但三天後竟奇蹟地「復活」。本來門徒們期望的是，耶穌可以帶領著我們，去對抗羅馬，起義革命，推翻羅馬政權，然後再一次地建立一個政治的以色列國，因為門徒內心期待的耶穌，是一

位「**政治的彌賽亞**」。[1]

但在耶穌升天後，來到五旬節時，當門徒們 **被聖靈充滿後**，他們才重新地，靈裡受到一個極大的翻轉，才真正明白，原來，耶穌要建立的國度是 **一個更偉大的國度**，因為祂要得著全人類、祂要「**修復**」這個世界，解決地上所有的罪惡。

門徒們在此時經歷了一個「全人靈性的更新」，以至於在 五旬節「被聖靈充滿」的這一天，他們願意再一次將自己的全人獻給神，『**不是按著己意 (想要先復興地上的以色列國)，乃是按著神的心意**』先來肩負「**收割**」的國度「**福音開展**」的行動。

所以在五旬節的那一天，門徒們一方面感受耶路撒冷城的慶典、歡慶的氛圍，看著大家準備要開鐮刀「**收割**」初熟的小麥，另方面，門徒們的靈裡也正經歷一個狂喜的狀態，因為他們 **被聖靈充滿，得著能力**，得著能力為的是「**要去收割**」，因為耶穌說，馬太福音 9:37：

> 『**要收的莊稼多，可是做工的人卻少。**』

## 六、父神耶和華的 律法(妥拉) 寫在心版上：

而所謂的「被聖靈充滿、得著能力」，其實指的就是:**神將祂的話 寫在門徒的心版上**，那個法版，法版上面神的話、神的誡命、神的妥拉，進入到我的身體，**進入到我的心思意念裡面**。耶利米書 31:33、以西結書 36:26-27：

> 『耶和華說：
> 「那些日子以後，我與以色列家 所立的約 乃是這樣：
> 我要將 **我的律法(我的妥拉)** 放在他們裏面，**寫在他們心上**。
> 我要作他們的上帝，他們要作我的子民。』

> 『我也要賜給你們 一個**新心**，將 **新靈** 放在你們裏面，
> 又從你們的肉體中除掉石心，賜給你們 **肉心**。
> 我必將 **我的靈** 放在你們裏面，
> 使你們 **順從 我的律例**，謹守遵行 **我的典章**。』

當門徒們在五旬節 被聖靈充滿、**神真理的話語寫在他們心版上**、充滿在他們的所有心思意念當中的時候，他們就有能力，就可以「**向外收割**」，往普天下去傳

---

[1] 直到耶穌復活後，門徒們仍然期待耶穌可以帶領門徒，重建地上的以色列國，見使徒行傳 1:6 『他們 (門徒們) 聚集的時候，問耶穌說：「主啊，**你復興 以色列國** 就在這時候嗎？」』

福音，要在耶路撒冷、猶太全地、撒瑪利亞、直到地極，為耶穌的「道成肉身」，祂身為「**猶太人的王、猶太人的彌賽亞**」[2] 的這個身分來到地上所完成的「救贖之工」作見證。

---

[2] 馬太福音 2:1-6『當希律王的時候，耶穌生在猶太的伯利恆。有幾個博士從東方來到耶路撒冷，(說)：「那生下來作 **猶太人之王** 的在哪裏？我們在東方看見他的星，特來拜他。」希律王聽見了，就心裏不安；耶路撒冷合城的人也都不安。他就召齊了祭司長和民間的文士，問他們說：「**彌賽亞** 當生在何處？他們回答說：「在猶太的伯利恆。因為有先知記着，說：猶大地的伯利恆啊，你在猶大諸城中並不是最小的；因為將來有 **一位君王** 要從你那裏出來，牧養我以色列民。」』 耶穌生來是 **猶太人的王**，成為贖罪祭的時候也是以 **猶太人的王** 這一身分死去，見約翰福音 19:19-20『彼拉多又用牌子寫了一個名號，安在十字架上，寫的是：「**猶太人的王，拿撒勒人耶穌。**」』

# 五旬節 第一日讀經

「五旬節 第一日」讀經段落：
妥拉:《出埃及記》19:1-20:26、《民數記》28:26-31
先知書伴讀:《以西結書》1:1-28、3:12
詩篇伴讀: 19、29、68 篇
新約伴讀:《約翰福音》1:32-34、《馬太福音》3:11-17、《使徒行傳》2:1-21、37-41

## 一、出埃及記 19:1-20:26：

猶太先賢選擇出埃及記 19:1-20:26 這段經文作為「五旬節」的伴讀，當然是因為這段經文，正好講述到:以色列百姓來到西奈山，看到 **耶和華神「威嚴-榮耀」的顯現**，有密雲、雷轟、閃電、號角、地大震動，甚至百姓還聽到耶和華神說話的聲音。

西奈山的「天啟」是一個「**神聖-立(婚)約**」的重大時刻，當作丈夫的耶和華神說:『如今你們若實在聽從我的話，遵守我的約，就要在萬民中作屬我的子民，因為全地都是我的。你們要「歸我」作 祭司的國度，為聖潔的國民。』的時候，以色列全體百姓也回答說 **Yes, I do.** 『凡耶和華所說的，我們都要遵行。』

然後，就是「**頒布十誡，降下妥拉**」的高峰時刻，因此，五旬節首先記念的是『**賜下神一切聖法和話語**』的神聖事件，所以五旬節，猶太人又稱為「**妥拉降示節**」(**חג מתן תורה**)。而這也正是 **五旬節** 這個節期「背後最主要的精神和意義」，就是: 先領受、先學習、先有了『**神的律，神的話**(在西奈山)』，然後才能得地為業，領受豐盛。

## 二、民數記 28:26-31：

另一處的妥拉補充經文選讀，則是在民數記 28:26-31，這段經文提到五旬節所要獻的祭有哪些，而這些祭都是在每日祭祀所要「常獻的祭-之外」額外 要獻的五旬節獻祭。

另外，以色列百姓在五旬節來到「耶和華立為祂名的居所」:耶路撒冷，朝見耶和華的面，也要帶著家裡剛收成的初熟之物、禮物來朝見神。

『你一切的男丁要在除酵節、七七節、住棚節，一年三次，在耶和華你神所選擇的地方朝見他，卻不可空手朝見，各人要按自己的力量，照耶和華你神所賜的福分，奉獻禮物。』申命記 16:16-17

當然，現在沒有聖殿，也沒有獻祭，但神的心意和法則其實「沒有改變」，透過昔日的獻祭和禮物，讓我們清楚看到:耶和華神非常在意「祂自己所設立的節期」，所以叫我們放下一切手邊工作，將自己貴重的東西，奉獻出來，當作禮物獻給耶和華神。

**節期** 的設立，就是不斷提醒我們，要「**記念神**」，要「**尊主為大**」，**將自己看為寶貴的獻給神**。而那個最貴重的禮物，就是你的時間、思想、情感、自由意志，也就是你這個人的「生命本身」。

## 三、先知書伴讀:以西結書 1:1-28、3:12：

五旬節，是紀念耶和華神在西奈山頒布聖法、榮耀威嚴的「顯現」，所以猶太先賢選了一段關乎「**神聖-顯像**」的經文，作為五旬節的先知書伴讀：

『那時，靈將我舉起，我就聽見在我身後有震動轟轟的聲音， 說:「從耶和華的所在顯出來的榮耀是該稱頌的！」』以西結書 3:12

與妥拉分段經文共讀的「先知書伴讀」，當中有不少段落，都是帶著「盼望」、預言以色列的「**重建、回歸、救贖**」而說的，雖然以色列犯罪，先知譴責、以色列會受嚴厲的懲罰，但衡諸所有的「大、小先知書」，幾乎都提到: 以色列在末後的「重建、回歸、救贖」，是的，那「的的確確是-實體的以色列國」。

所以儘管當時以色列已國破家亡、耶路撒冷聖殿被毀，先知以西結當時也已經被擄到巴比倫，可是，耶和華神「**仍然堅定**」與祂的子民所立的「**永約**」，耶和華神讓祂自己的「神聖-寶座」顯現給祂所愛的「以色列」的先知看，目的是讓先知們清楚意識到: 耶和華神的「**神聖臨在**」 (Shekhinah שכינה)「沒有離開」以色列，因為末後的日子，耶和華神會再一次把如同 西奈山的天啟顯現 的「神聖事件」臨在 在以色列身上，讓世人知道: 耶和華神依舊是「以色列的聖者」。

必有列邦的人和強國的民來到耶路撒冷，尋求萬軍之耶和華，懇求耶和華的恩。萬軍之耶和華如此說:在那些日子，必有十個人從列國諸族中出來，拉住一個猶大人的衣襟，說:『我們要與你們同去，**因為我們聽見 神與你們同在了**。』」撒迦利亞書 8:22-23

四、詩篇伴讀: 19、29、68 篇：

1. 五旬節，耶和華頒布聖法、祂的話語: 詩篇:19:7-9
**耶和華的律法** (妥拉) 全備，能甦醒人心；
**耶和華的法度** 確定，能使愚人有智慧。

**耶和華的訓詞** 正直，能快活人的心；
**耶和華的命令** 清潔，能明亮人的眼目。

**耶和華的道理** 潔淨，存到永遠；
**耶和華的典章** 真實，全然公義。

2. 五旬節，耶和華在西奈山威嚴的顯現: 詩篇 29:3-4,8,10-11
耶和華的聲音發在水上；
榮耀的上帝打雷，
耶和華打雷在大水之上。

耶和華的聲音大有能力；
耶和華的聲音滿有威嚴。

耶和華的聲音震動曠野；
耶和華震動加低斯的曠野。

洪水泛濫之時，耶和華坐著為王；
耶和華坐著為王，直到永遠。

耶和華必賜力量給祂的百姓 ；
耶和華必賜平安的福給祂的百姓 。

3. **耶和華的榮耀顯在以色列身上**: 詩篇 68:
8 那時，地見上帝的面而震動，天也落雨；
**西奈山** 見 **以色列上帝** 的面 也震動。

9 上帝啊，祢降下大雨；
**祢產業以色列** 疲乏的時候，**祢使她堅固。**

17 上帝的車輦累萬盈千；
主在其中，好像 在西奈聖山 一樣。

28 以色列的能力 是上帝所賜的；
上帝啊，求祢堅固祢為我們所成全的事！

29 因祢耶路撒冷的殿，
列王必帶貢物獻給祢。

32 世上的列國啊， 你們要向上帝歌唱；
願你們歌頌主！

34 你們要將能力歸給上帝。
祂的威榮 在以色列之上；
祂的能力是在穹蒼。

35 上帝啊，祢從聖所顯為可畏；
<以色列的上帝> 是那將力量權能賜給祂百姓的。
上帝是應當稱頌的！

五、新約伴讀: 約翰福音 1:32-34、馬太福音 3:11-17、使徒行傳 2:1-21, 37-41：
讀這幾處新約伴讀的經文會知道，彌賽亞耶穌的道成肉身，他的預備「全人類救贖」的工作，是要用「聖靈」給眾人施洗，這可說是應驗耶利米書、以西結書的預言，把律法/ 妥拉從原來的石板，更進一步地「寫在-寫進心版」上。耶利米書 31:33

而耶穌所說的，要領受父神耶和華所應許的聖靈保惠師,聖靈正式地降下和充滿,發生的時間，正好「對應」耶和華神自己的節期「五旬節」。

因為五旬節，要紀念的就是 神大能的「彰顯」、神話語 / 神真理的靈「澆灌和充滿」、使徒「得著能力」可以「去成就-開始啟動」神偉大的聖工:福音的大使命，目的是要讓神的榮耀彰顯在全地，讓萬民歸向真神。

『那時，有虔誠的猶太人，從天下各國來，住在耶路撒冷。使徒行傳 2:5』 第一批被聖靈充滿的人，都是猶太人，福音的廣傳-大使命的運動，就是由這群「在五旬節-聖靈澆灌」 的猶太人 所開展出來的，『因為 救恩是從猶太人出來的。約翰福音 4:22』

因此當彼得引述 約珥書 的預言，其實正好就是身處 21 世紀的我們準備要看到的事情，我們「正在接近」末後日子的景象：

阿摩斯書 2:28-31. / 使徒行傳 2:17-20.
上帝說：在末後的日子，
我要將 **我的靈** 澆灌凡有血氣的。
你們的兒女要說預言；
你們的少年人要見異象；
老年人要做異夢。

在那些日子，
我要將 **我的靈** 澆灌我的僕人和使女，
他們就要說預言。

在天上，我要顯出奇事；
在地下， 我要顯出神蹟；
有血，有火，有煙霧。

日頭要變為黑暗，
月亮要變為血；
這都在主大而明顯的日子未到以前。


六、結語：

第一批領受聖靈，**被聖靈澆灌的這些猶太使徒**，在沉寂了將近 1800 年，現在來到 21 世紀的以色列，又再次出現了，我們看到有越來越多信耶穌的猶太人，他們因著聖靈的感動，相信耶穌就是「**猶太人的彌賽亞**」、「**以色列的王**」。

正如先知約珥對著自己的百姓「以色列民」說的: **在末後的日子， 我要將我的靈澆灌凡有血氣的。你們 (以色列) 的兒女要說預言；你們 (以色列) 的少年人要見異象；老年人要做異夢。在那些日子，我要將我的靈澆灌我 (以色列) 的僕人和使女，他們就要說預言。**

當以色列全家都預備好，對那位「真正的彌賽亞」呼喊著:『**和散那，奉主 (父神耶和華) 名而來的是應當稱頌的** 』時候，那曾經出現在西奈山的 神聖「**威嚴顯現**」的天啟景象，還會再末後的日子出現。因為，『**在天上，我** (耶和華) **要顯出奇事；在地下，我要顯出神蹟；有血，有火，有煙霧。** 』

# 五旬節 第二日讀經

「五旬節 第二日」讀經段落：
妥拉:《申命記》14:22-16:17
先知書伴讀:《哈巴谷書》2:20-3:19
全卷《路得記》
詩篇 29、68
新約伴讀:《使徒行傳》2:1-13

## 一、 五旬節第二日說明：
如同逾越節、住棚節，為了讓「散居-離散」在世界各地的猶太人，(要彌補時差所造成的換日)，都能在「最大時間範圍內」過節，因此猶太人將五旬節增加一天，共兩天，西灣月(סיון) 七號 就成為五旬節第二日。

## 二、 妥拉選讀: 申命記 14:22-16:17：
五旬節坐落的時間正好在「**春收**」時分，所以是大麥收割完畢、小麥初熟開始收割，以及其他作物和水果收成的時間，所以申命記 14:22 開頭的經文就提到：

『你要把你撒種所產的,就是你田地每年所出的,十分取一分；又要把你的五穀、新酒、和油的十分之一,並牛群羊群中頭生的,吃在耶和華－你上帝面前,就是他所選擇要立為他名的居所。這樣,你可以學習時常敬畏耶和華－你的上帝。』

因為這牛奶與蜜之地 **乃是耶和華神所賞賜**,地裡田間的出產也是 **耶和華神令天即時降雨**,眷顧這地,才能有的豐收,所以以色列百姓要在五旬節「**豐收**」之際懂得「**感恩**」。

接下來申命記 15 章的經文,分別提及「**安息年**」、及「**對待奴僕**」的條例。這兩個條例,其實都關乎到 耶和華神的「**主權**」。正如五旬節所記念的,以色列百姓在西奈山 **將生命主權「完全歸給」**耶和華神,要按照 神「**公平-正義**」的律例、**典章、法度** 來「正確對待」我們所生活的自然環境、所耕種的土地、及所相處的社群人民。

人不可以 (在五旬節)「豐盛-富足」以後,就「忘記」神的恩典,然後開始進一步去「併吞-欺壓」弱勢和貧困的人,正好相反,你除了要感謝神,奉獻禮物給上帝,還要顧念到孤苦無依的人,去實際地幫助他們。

來到申命記 16:1-17 的經文，依序提到了耶和華三大節期的「逾越節、七七節、住棚節」。

以色列百姓來到迦南地，開始耕種，能吃地裡的出產，能在**五旬節「收割-豐收」**，這是因為耶和華神的「**守約-救贖**」，用大能的手將以色列百姓「領出埃及」(逾越節)，等百姓在曠野漂流 40 年間，耶和華神又無時不刻地供應他們，使他們腳上的鞋沒有穿破、衣服沒有穿壞 (住棚節)。

所以，在「五旬節」享受「豐盛」之際，都「不可以忘記」你們現在所有的一切，都是因為蒙了耶和華神諸多的「恩典」，正因為如此，五旬節的妥拉伴讀，就把耶和華三大節期的「逾越節、七七節、住棚節」全部囊括進來，也就是申命記 16:1-17 的經文。

## 三、先知書伴讀: 哈巴谷書 2:20-3:19：
就如同在**西奈山**的場景，當耶和華神 **威嚴地顯現** 時，百姓都驚懼，啞然無語：

惟耶和華在祂的聖殿中；
全地的人都當在祂面前肅敬靜默。2:20

如前文已經提過的，許多的先知書伴讀，都是帶著「盼望」、預言以色列的「**重建、回歸、救贖**」而說的，哈巴谷書 3 章也不例外：

祢的弓全然顯露，
**向眾支派所起的誓都是 可信的。**
祢以江河 分開大地。9

祢發忿恨通行大地，
發怒氣責打列國，如同打糧。12

**祢出來 要拯救 祢的百姓，**
**拯救 祢的受膏者，**
打破惡人家長的頭，
露出他的腳 (根基)，直到頸項。13

雖然無花果樹不發旺，
葡萄樹不結果，

橄欖樹也不效力，
田地不出糧食，
圈中絕了羊，
棚內也沒有牛；17

然而，我要因耶和華歡欣，
**因救我的上帝喜樂**。18

主耶和華是我的力量；
祂使我的腳快如母鹿的 蹄，
又使我穩行在高處。19


四、五旬節 讀路得記：

五旬節讀路得記，有很深刻的預表，他是代表「**神國臨到外邦**」、「**一個新人**」的意涵。

當路得來到伯利恆，遇到波阿斯時，正好是 **收割大麥** 的期間，直到收割完畢，然後開始 (在**五旬節**) 時 **收割初熟的小麥**，『於是路得與波阿斯的使女常在一處拾取麥穗，直到收完了 **大麥** 和 **小麥**。路得記 2:23』所以，這段日子正好就是**逾越節** 到 **五旬節** (以及之後) 的時間點。

後來，波阿斯娶了這位「外邦」女子:路得為妻，這就使得「彌賽亞國度」的家族血緣裡面，有了以色列與「外邦」聯姻的血液。

然而，更重要的是，路得對她婆婆拿俄米說的那句話，路得記 1:16：

> 『妳的國 (以色列) 就是我的國，
> 妳的上帝 (耶和華神) 就是我的上帝。』

עַמֵּךְ עַמִּי
וֵאלֹהַיִךְ אֱלֹהָי

路得以一個「外邦人」的身分，「完全歸順-承認」拿俄米所屬的以色列，和以色列所信仰的耶和華神。這就蘊含或預表: 聖靈「**在五旬節**」降下，澆灌門徒，開始大使命福音廣傳、「**福臨外邦**」的救贖計畫。

『那時，你們與彌賽亞無關，在以色列國民以外，在所應許的諸約上是局外人，並且活在世上沒有指望，沒有上帝。你們從前遠離上帝的人，**如今卻在彌賽亞耶穌裏，靠著他的血，已經得親近了。**』以弗所書 2:12-13

透過第一批「**被聖靈澆灌-得著能力**」的**猶太使徒** 四處奔走、努力不懈、不顧性命地宣講福音，讓許多外邦人，得以透過彌賽亞:耶穌的寶血救贖之工，得以相信這位創造天地宇宙的主宰、**以色列的聖者: 耶和華神**。

感謝初代彌賽亞會堂的第一批猶太使徒，正是藉由他們，外邦才得以被嫁接到「以色列」這枝母橄欖根，吸取這棵橄欖樹的肥汁，我們得以「被納進」而一同成為亞伯拉罕的(屬靈)後裔、以色列大家庭的一份子。(羅馬書 11:11-24)

就正如路得對拿俄米所說的:『妳的國 (以色列) 就是我的國，妳的上帝 (耶和華神) 就是我的上帝。』

# 三大節期的「中心」：五旬節

## 一、邁向「高峰」的節期：

五旬節，是一個由「**數點-計算**」，逐步走向「高峰」、進入「**全然成聖-得著能力**」、完全承認「**上帝主權**」的一個節期，所以這個節期被安置在耶和華三大節期 (逾越節-五旬節-住棚節) 的「中心」位置。

## 二、按三大節期「先後順序」的邏輯來說：

1. **逾越節**: 出埃及，得著救贖，離開為奴之地，脫離罪惡，『成為自由身』。
2. **五旬節**: 成為自由身之後，還要「**學習成聖**」，所以耶和華神在西奈山頒布聖法，而以色列百姓也要將「**生命主權-全然歸給**」神。
3. **住棚節**: 有了神的話、律例、典章、法度之後，就要按照神的妥拉「遵行」祂的話來生活，這樣『**神的榮耀與保護**』才會與百姓「**隨時同在**」。神的帳幕在人間。

## 三、以色列的邁向成聖：

所以，五旬節，在耶和華三大節期中，確實扮演一個「核心關鍵」的角色和位置，正因為以色列全體百姓在西奈山的「**全然獻上、完全順服**」於耶和華神在西奈山「**完全彰顯**」的榮耀主權，這樣神的法度、神的話語，才能在百姓的「**生命中動工**」，然後以色列才能成為耶和華神在 救贖歷史 中的「**運作軟體**」，是「**合用的器皿**」。[1]

## 四、聖靈充滿、得著能力：

同樣的情況發生在耶穌的門徒、使徒身上，他們在五旬節也經歷信仰的「**高峰**」體驗，被神「真理的聖靈」充滿，隨後「**得著能力**」，**將生命主權「完全歸給**」神，然後展開大使命的福音廣傳的聖工。因為，若耶穌的門徒沒有「在五旬節」一同經歷信仰屬靈的「高峰」經歷，被神「真理」大能的靈充滿，那麼，往普天下差傳的「大使命」福音之鉅大工程，不會被啟動。

## 五、代表「**創造-主權-神聖-完全**」的數字: 七：

五旬節是由計算 七個七，「七個-聖安息日」而漸次累積「**數點-計算**」出來的節期。七 這個數字，代表耶和華神「**制定一切-統管萬有**」的主權，所以透過「**七個七**」的數算，象徵一個 主權「**不斷疊加**」上去的一個「**上行-升高**」的過程，直到 五旬節 來到，**神的能力** 就要在 (人的生命中) **完全彰顯出來**，**滿溢出來**。

---

[1] 同參《奧秘之鑰-解鎖妥拉:申命記》No.11 妥拉<祝福>篇之第五段文字信息「救贖歷史」。

# <數點>篇妥拉與「五旬節」的對應 [1]

在民數記第一段妥拉<在曠野>篇 (民 1:1-4:20)，以及第二段妥拉 <數點>篇 (4:21-7:89)，這兩段妥拉，經文都花了很大的篇幅在<數點-計算>。

<在曠野>篇當中，摩西和亞倫<數點-計算>十二支派 20 歲以上能受「新兵訓練-出去打仗」的男丁，以及利未支派三個族:革順、哥轄、米拉利。到第二段妥拉<數點>篇仍繼續<數點-計算>的工作,接續利未支派剩下的兩族,也就是革順子孫、和米拉利子孫 30-50 歲能辦理會幕搬運事宜的人。

<數點-計算>全營的人口，目的是為了「預備上行」(Aliya, עֲלִיָּה)，預備進入迦南地，得地為業所做的「行前(軍事)整備」。

以色列營隊「整齊劃一、秩序嚴謹」的布署這絕對是必要的，不管是在「紮營」，或「起行-大部隊的行進」間，都需要嚴防外部的敵人來犯，因為慘痛的教訓仍記憶猶新: 以色列百姓出埃及沒多久，就受到亞瑪力人的「突擊-偷襲」。

因此，翻開民數記前面兩段的妥拉，我們會看到經文花了許多的篇幅，鉅細靡遺地在講述人口數點、徵兵、營地布署等等的事宜，等到「上行-前進」迦南地的「營隊布署」相關事宜都預備好以後，直到民數記第三段妥拉，正如標題本身所標示的 <燃起-上行>，經文才說:

『第二年二月二十日，雲彩從法櫃的帳幕收上去。以色列人就按站往前行，**離開西奈的曠野，...這是他們照耶和華藉摩西所吩咐的，初次往前行。**』民 10:11-13

另外要說的是，昔日猶太的聖哲們注意到，「**妥拉分段」的讀經循環，常常會有與「節期」彼此呼應的對照關係。**

以<數點-計算>為主要內容的民數記前兩段妥拉，在妥拉讀經循環的時間上，總是會遇上「**五旬節」。一般來說，民數記第一段妥拉<在曠野>常常是在「五旬節」**前閱讀，<數點>篇的讀經有時候會和 五旬節 重疊或之後來閱讀。

而有意思的是，**五旬節** 也是一個以<數點-計算>著稱的節期，它是耶和華的節期中，唯一一個明訂需要去<數點-計算>的節期，也就是數俄梅珥，

---

[1] 本文收錄自《奧秘之鑰-解鎖妥拉:民數記》No.2 妥拉<數點/提升>篇之第二段文字信息「與五旬節的對應」。

但是，五旬節的這個<數點-計算> 有什麼重要性？ <數點>的含意-寓意是什麼？這恰好就可以從五旬節所對應的 民數記 前兩段妥拉 內容找到亮光。

回到民數記，我們說，如果 以色列全體百姓沒有「完全順服」神的主權，那麼「大規模」的全營人口普查、男丁徵召，以及營地(軍事)布署些事情是不可能成就的。

但是，當一個人，被這位「萬軍之耶和華」神 (יְהוָה צְבָאוֹת) <數點-呼召> 出來的時候，他應該是會感到榮耀的，因為我被上帝「看重-揀選出來」被賦予使命，所以我會「完全順服」按照神所指示-吩咐的一切來實踐-執行、來過「聖潔-征戰得勝」的生活。

這也正是耶和華神在民數記前三段妥拉中所顯明的心意，神是要我們征戰得勝，但首先，前提是: 我們必須要將「主權歸給」祂，按照「祂的次序」而行。

所以，再回到 五旬節，猶太人又稱為「妥拉降示節」(מַתַּן תּוֹרָה)。因為當以色列百姓出埃及，來到曠野生活的 49 天後，來到西奈山下，在第 50 天看到耶和華神權能-威嚴的彰顯時，他們每個人都心甘情願地，願意『將自己生命的所有主權交給耶和華神』，並且說:

『凡耶和華所說的，我們都要遵行。』
出埃及記 19:8

來到新約，在耶穌復活後，和門徒們相處的最後 40 天，耶穌也正和門徒們一起<數算>俄梅爾，他們天天<數點-計算>著日子，期待著「五旬節」的來到，因為那是一個記念耶和華神在西奈山，首度向一個特定的信仰社群「神聖威嚴的顯現」，以及以色列百姓也願意「完全獻上」的節期，是一個『充滿大能、得著神的能力』的節期。

很有可能，在耶穌升天前，祂也正和門徒們讀著民數記第一段妥拉<在曠野>篇，然後耶穌升天後，門徒們留在耶路撒冷聚集，繼續讀著第二段<數點-提升>的妥拉，接著五旬節來到，也就在同時間，門徒經歷神聖靈的澆灌，「得著裝備的能力」，就再一次將自己生命主權「完全歸給」父神耶和華，然後就帶著福音的大能，<拔營-起行>，離開耶路撒冷，出去征戰，展開救贖歷史，「得人-得靈魂為業」的「上行」之路。

所以把民數記第三段妥拉<燃起-上行>篇，當中的民數記 10:12-13：
『以色列人就按站往前行，離開西奈的曠野，雲彩停住在巴蘭的曠野。這是他們照耶和華藉摩西所吩咐的，初次往前行。』這兩節具有代表性的經文改一下，就變成：

『門徒們就按站往前行，離開耶路撒冷的錫安山，...這是他們照父神耶和華藉愛子耶穌所吩咐的，初次往前行。』

<數點-計算>自己的日子是很重要的，因為我們常常會很容易地浪費時間、虛度光陰，那是因為我們沒有認真<數算>自己的日子。然而當我們知道自己的壽命和時間「所剩無幾」時，我們反而會開始「珍惜」每一天過的時間和日子，分秒必爭，詩篇 90:12 ：

『求你指教我們怎樣<數算>自己的日子，
好叫我們得著智慧的心。』

願我們每一個人都是被神<數點>出來的神國精兵，並且都按照「神的次序」而行，為主打那美好的仗。

# 「對齊」與「數算」[1]

很多時候，人按著「自己」擬定的計畫，付出巨大的精神心力，投注耗費許多的金錢物資，最後的結果卻是「事倍功半」，不如預期，甚至白忙一場。

是的，沒有在「最適合」的時間，做「最恰當」的事情，那結果就是「白忙一場」，即便你如何的精心策畫，如何的殷勤努力。

> 『又要守「收割節」(חַג הַקָּצִיר)，
> 所收的是你田間所種、勞碌得來初熟之物。』出埃及記 23:16

**וְחַג הַקָּצִיר**
בִּכּוּרֵי מַעֲשֶׂיךָ, אֲשֶׁר תִּזְרַע בַּשָּׂדֶה

五旬節，在妥拉/摩西五經中，最早被提及的名稱就是「**收割節**」。

很有意思的是，耶和華神在以色列百姓還在沙漠曠野，這一望無際、一片荒蕪的環境，在吃都吃不飽、喝都喝不夠，連生存都有困難的條件之下，就先教導他們正確的農耕「**作息時間**」表。耶和華神要以色列百姓「先行學習」一項「信心」的功課，就是:你們要「**對齊**」耶和華神所預定的「時間」，這樣你們辛苦勞碌的「收割」和工作，才會帶來最大效益的「**豐收**」。

在「最佳的時間」撒種，期間耕地、降雨、施肥，然後「等待、等候」作物的「初熟」，最後在「最好的時間」進行收割，因為這樣收割的作物它果實的「質-量」才是最好的，如此，才能歡喜快樂地迎接這「豐收」的歡慶時刻。

上面講的這些，都是等以色列百姓過約旦河，得地為業，開始耕作以後，才可以真正「實際」去經歷的。

然而，耶和華神在以色列百姓仍處在艱困匱乏的曠野、在「一無所有」的情況下，就已經要他們開始學習去相信: 『**對齊時間，帶來豐收**』的信念。

這樣的信念，其實也是非常合理的，因為耶和華神乃是創造天地宇宙萬物的主，『全地都是祂的』，所以神當然知道、也洞悉大地運行、自然流轉的「時間次序」和法則。

---

[1] 本文收錄自《奧秘之鑰-解鎖妥拉:利未記》No.8 妥拉<訴說>篇之第五段文字信息。

再來，五旬節還有另一個重點，就是「**數算俄梅珥**」(***סְפִירַת הָעוֹמֶר***)，先來看兩處經文，首先，利 23:15-16：

『你們要從安息日的次日，從你們獻 禾捆 (俄梅珥) 的搖祭的那日 **數算** 起，要滿了七個安息日。到第七個安息日的次日，**數算五十天**，又要將新素祭獻給耶和華。』

**וּסְפַרְתֶּם** לָכֶם מִמָּחֳרַת הַשַּׁבָּת מִיּוֹם הֲבִיאֲכֶם אֶת-**עֹמֶר** הַתְּנוּפָה  שֶׁבַע שַׁבָּתוֹת תְּמִימֹת תִּהְיֶינָה. עַד מִמָּחֳרַת הַשַּׁבָּת הַשְּׁבִיעִת **תִּסְפְּרוּ חֲמִשִּׁים יוֹם** וְהִקְרַבְתֶּם מִנְחָה חֲדָשָׁה לַיהוָה

接著是出埃及記 34:22：

『在 收割初熟小麥 的時候，要守 七七節。』
**וְחַג שָׁבֻעֹת** תַּעֲשֶׂה לְךָ **בִּכּוּרֵי קְצִיר חִטִּים**

在逾越節後的第一個安息日的隔天，耶和華神吩咐以色列百姓，要「**數俄梅珥**」，因為這一日是百姓「開始收割」初熟大麥 之日。在收割大麥的同時，還要腦袋清楚地「計算」著 49 天，及每天割取並「累積」出 49 捆大麥。好提醒自己，等到第 50 天的時候，就是「七七節」，就是我們剛剛讀的出埃及記 34:22 節經文提到的，「七七節」就是 小麥 的「初熟」及開始「收割」日子的時間點。

「**俄梅珥**」(**עֹמֶר**) 希伯來文具體的翻譯就是一「捆」的意思。

耶和華神要以色列百姓在逾越節後的安息日，第二天，開始每天「重複」做著一個「看似無聊」的動作: 就是，數著一捆又一捆，剛收割的新鮮大麥。

第一天一捆、第二天「累計」兩捆、第三天「共計」三捆、第四天來到四捆...以此類推，到第 49 天時，放置禾捆的地方，已「塞滿」整個倉房，滿滿地 49 捆大麥向人展示一幅「豐收」的圖像，然後帶著這「大禮」:49 捆大麥進入第 50 天，迎接七七節，這個可以開始收割「初熟小麥」的日子的到來。

**數算俄梅珥，其實就是『數算神所賞賜的恩典』，這樣的數算不是以『每天回到原點』為單位的數算，而是以一種『不斷累積、持續疊加』的長時間的方式來數算**。例如:第一天數一捆、第二天的數算，就要「包含」前一天所數的「累計上去」數為兩捆、第三天，自然也包括前兩天所數的。儘管每天收割的量或許一樣，甚至更少，或者說應該是越來越少。

常常人會埋怨神，是因為我們「只看當下」的不足和匱乏，卻忘記神在我們過去所施展的一切幫助和奇妙的拯救。就像以色列百姓一樣，如果「數算恩典」是以『每天回到原點』的方式來數算，那麼就算過去經歷十災、過紅海、雲柱火柱、天降嗎哪……這麼多超自然的「神蹟和恩典」，他們在遇到沒水喝、沒肉吃時，仍會大肆抱怨。

真正的數算恩典，是「從以前到如今」的數算，是以一種『不斷累積、持續疊加』的長時間的方式來數算。

在這 49 天，每天辛苦流汗的「收割」、每天清楚具體的「數算」的過程中，讓以色列百姓更加深刻地意識到，他們手裡所拿的、所割的大麥，**都是耶和華神所賞賜的**。因為若地不效力、天不降雨，百姓再怎麼努力，仍枉然勞力、不得吃食。

再來，數俄梅珥，一連四十九天「重複數著」大麥禾捆，為的也是要讓百姓「親眼看到」收割大麥所展示出「累積和豐盛」的畫面。這樣，才會讓他們更加體悟到，**原來我們的神是賞賜「豐盛」、使我們「豐收」的主**，這會讓我們更加心存感恩。

然後等到數大麥禾捆的日子「滿足」了，也就是數滿 49 捆時，其他幾種作物 (例如:小麥) 也生長「完滿」、來到「初熟」之時，以色列百姓又「接著進入」到另一個收割和豐盛的「延續和循環」當中...

數俄梅珥，就是「**數算恩典**」，在這個「長時間的數算」過程中，讓我們學習去體會和經歷神信實的供應，還有祂所賞賜的豐盛，最重要的是: 這個豐盛是『不斷累積、持續疊加』的、是有「延續性」的，到了這個豐盛「完滿」以後，還會進入到下一個收割-豐收的「循環」。

因為，神所給予的恩典是「永續-長存」的，**只要我們按著祂的旨意、祂的計畫和「時間表」來行。**

## 五旬節/收割節: 修剪生命，完全獻上

如果說逾越節，是要以色列百姓記念耶和華神將他們從為奴之地「拉出來」的救贖大恩，那麼從 (大麥) 的初熟節開始 **數俄梅珥**、就可以看作是一個「**數算**」恩典、「思想」神在個人生命中動工的一個「**淨化-內化**」的預備過程

然後過了七個安息日共 49 天的「數算」以後，隨即來到第二個作物 (小麥) 的「初熟」。這次的初熟，有人稱為「第二個」或「第二次的初熟」，所表達是:以色列百姓，在這 49 天的「思想」和「數算」神的恩典中，來到一個預備的「最後」階段，就是:我們都準備好，要將自己的全人全心「**完全獻上**」，歸給耶和華神，「**完全承認**」祂在我們生命中的「**所有主權**」。

所以，以色列百姓在西奈山和耶和華神「直接照面」時，他們說了:『**凡耶和華說的，我們都必遵行。**』後來的以色列百姓過五旬節，除了在「收割」初熟的小麥同時，也追想、記念著 **頒布妥拉、十誡聖法** 的這一驚心動魄的「天啟」時刻。所以五旬節又叫做「**妥拉降示節**」。

此外，五旬節又被稱為「**收割節**」(חג הקציר)。從實際的農事作業來說，指的是小麥的「初熟」及開始「**收割**」的豐盛之日。從屬靈意象來講，也可以說，是以色列百姓，在五旬節，被當作「初熟之物」，被「**全數收割**」，完全地獻上。

因為在西奈山，耶和華神頒布十誡時，以色列百姓接受了這一「**完全獻上**」的要求和責任:『**要在萬民中做屬我的子民，因為全地都是我的。你們要歸我做祭司的國度、為聖潔的國民。**』

「收割(קצר)」、「割短(קצר)」這兩個動詞，希伯來文都是同一個字根(ק-צ-ר)。這個字的畫面感很強烈，一隻隻鋒利的鐮刀，咻咻咻地，乾淨俐落，劃破稻穗，將之取下的這樣鮮明的圖像。

拿起鐮刀，一刀割斷、完全切斷的，除了小麥，更應當是與埃及的一切聯繫、思念、甚至眷戀。和老我「**一刀兩斷**」，砍掉不好的，去蕪存菁，然後 **將最好的自己，獻給上帝**，如此才得領受「**豐盛-豐收**」。

罪惡、情慾的事，剪不斷、理還亂。在數算俄梅珥到五旬節 (收割節) 的期間，好好「**修剪**」自己。因為『將身體獻上，當做活祭，是聖潔的，是神所喜悅的，你們如此侍奉乃是理所當然的。』羅馬書 12:1

# 塔模斯月 17 號 禁食日 (צום י״ז בתמוז)

「塔模斯月 17 號 禁食日」讀經段落：
妥拉:《出埃及記》32:11-14、34:1-10
先知書伴讀:《以賽亞書》55:6-56:8
詩篇伴讀: 79 篇

## 一、說明：

根據猶太傳統，摩西看到以色列百姓造金牛犢、拜金牛犢，憤而將第一套耶和華神「親自」用指頭所寫的「道/聖言」:兩塊法版/十誡「摔碎」。摩西摔碎法版這悲劇的一日，為塔模斯月 17 號。

在歷史上，塔模斯月 17 號，也是羅馬人，提多將軍於西元 70 年「攻破」耶路撒冷城牆，進入城內開始燒殺擄掠的日子。

是故，猶太人在此日 悼念、禁食。

## 二、從塔模斯月 17 號 - 埃波月 9 號的三週預備日 (困頓黑暗日)：

由塔模斯月 17 號開始，一直到埃波月 9 號的「聖殿被毀日」(תשעה באב)，這三週是猶太曆最黑暗的一段時間，它標誌著以色列的國破家亡、被擄離散的「國殤」時期，猶太人稱這三週為「狹窄窘迫之境的日子」(ימי בין המצרים)，經文來自 耶利米哀歌 1:3：

> 『猶大被擄趕散，遭遇苦難，多服勞役，
>     她住在列國中，尋不著安息；
>  所有追逼她的人在「狹窄之地」(בֵּין הַמְּצָרִים) 追上了她。』

## 三、三週安息日先知書「責備」經文 (Haftarat of Rebuke/פרשיות הפורענות)：

由塔模斯月 17 號開始，一直到埃波月 9 號，中間經過的三週安息日，會有三份先知書伴讀的經文，內容主要是關於「責備、訓斥」以色列百姓的 犯罪、偏行己路、離棄神 的控訴，直到「聖殿被毀日」達到高峰。

三份<斥責>的先知書經文伴讀:
第一週:《耶利米書》1:1-2:3
第二週:《耶利米書》2:4-28、3:4、4:1-2
第三週:《以賽亞書》1:1-27.

## 四、塔模斯月 17 號禁食:

猶太人除了禁食,讀妥拉:出埃及記 32:11-14、34:1-10,以及先知書伴讀:以賽亞書 55:6-56:8 的幾處經文,另外也開啟接下來三週的「**狹窄窘迫之境的日子**」,所以這三週的讀經除了當週妥拉之外,另有上面的三份<斥責>的先知書經文伴讀。這三週的時間,台灣一些教會將其稱之為「但以理禁食禱告 21 天」。

## 五、詩篇 79:1-13:

1〔亞薩的詩。〕神阿、
**外邦人 進入祢的產業,污穢 祢的聖殿,使耶路撒冷變成荒堆。**

2 把祢僕人的屍首交與天空的飛鳥為食,把祢聖民的肉交與地上的野獸。

3 在耶路撒冷周圍流他們的血如水,無人葬埋。

4 我們成為鄰國的羞辱,成為我們四圍人的嗤笑譏刺。

5 耶和華阿,這到幾時呢?祢要動怒到永遠麼?祢的憤恨要如火焚燒麼。

6 願祢 將祢的忿怒 倒在 **那不認識祢的外邦,和 那不求告祢名的國度。**

7 因為他們 **吞了雅各**,把他的住處 **變為荒場。**

8 求祢 **不要記念我們先祖的罪孽**,向我們追討。
願祢的慈悲快迎著我們,因為我們落到 極卑微的地步。

9 **拯救我們的 神阿**,求祢因 **祢名的榮耀** 幫助我們!
為 **祢名的緣故 搭救我們**,赦免我們的罪。

10 為何容 外邦人說「他們的神在哪裏」呢？
願祢使外邦人知道 祢在我們眼前，伸祢僕人流血的冤。[1]

11 願 被囚之人 的歎息達到祢面前；
**願祢 按祢的大能力 存留那些將要死的人。**

12 主阿，願祢將我們鄰邦所羞辱祢的羞辱加七倍歸到他們身上。

13 這樣，祢的民，祢草場的羊，
要稱謝祢，直到永遠；
要述說讚美祢的話，直到萬代。

---

[1] 申命記 32:26-27,36『我說，我必將他們分散遠方，使他們的名號從人間除滅。惟恐仇敵惹動我，**只怕敵人錯看，說：是我們手的能力，並非耶和華所行的。耶和華見祂百姓毫無能力，無論困住的、自由的都沒有剩下，就必為他們伸冤，為他的僕人後悔。** 』同參《奧秘之鑰-解鎖妥拉:申命記》No.10 妥拉<側耳聽>篇之第三段文字信息「耶和華交出他們」。

# 默示的安息日 (שבת חזון)

「聖殿被毀日」(תשעה באב) 前 的安息日，猶太人稱為「默示安息日」，希伯來文叫 (שַׁבַּת חָזוֹן) 。每年的這個安息日，猶太人都會誦讀 以賽亞書 1:1-27 的經文。

「默示安息日」的「默示 (חָזוֹן)」一詞來自以賽亞書 1:1 節開頭，希伯來原文經文的第一個字:

『以賽亞得 **默示**，論到猶大和耶路撒冷。』
חֲזוֹן יְשַׁעְיָהוּ בֶן-אָמוֹץ אֲשֶׁר חָזָה עַל-יְהוּדָה וִירוּשָׁלָם

從以賽亞書 1:1 這節經文，由此開始一連串 **對以色列的 控訴**。

以賽亞書 1 章:
1 天哪，要聽！地啊，**側耳而聽**！[1]
因為耶和華說:
我養育兒女，將他們養大，
他們竟 **悖逆我**。[2]

3 牛認識主人，驢認識主人的槽，
**以色列 卻不認識；我的民 卻不留意**。

4 禍哉！犯罪的國民，擔着罪孽的百姓；
行惡的種類，敗壞的兒女！
他們 **離棄** 耶和華，藐視 以色列的聖者，
**與祂 生疏**，往後退步。

---

[1] 這讓我們想到申命記 No.10 妥拉<側耳聽>篇申命記第 32 章的「摩西之歌」，因為這首歌，乃是摩西寫下是要來見證以色列的「不是/不義」的詩歌，見證以色列將來會「違約-背道」，以及「忘記-離棄」耶和華神的一首警世之歌。同參《奧秘之鑰-解鎖妥拉:申命記》No.10 妥拉<側耳聽>篇之第一段文字信息「諸天，側耳聽」。

[2] 摩西在以色列百姓尚未過約旦河，進入迦南地時，早就已經預言將來以色列人會敗壞、悖逆神。申命記 4:25-26『你們在那地住久了，生子生孫，就雕刻偶像，彷彿甚麼形像，敗壞自己，行耶和華－你上帝眼中看為惡的事，惹他發怒。我今日呼天喚地向你們作見證，你們必在過約旦河得為業的地上**速速滅盡**！你們不能在那地上長久，**必盡行除滅**。』申命記 31:16『這百姓要起來，在他們所要去的地上，在那地的人中，**隨從外邦神 行邪淫，離棄我，違背 我與他們所立的約**。』同參《奧秘之鑰-解鎖妥拉:申命記》No.9 妥拉<他去>篇之第四段文字信息「預言全然敗壞」。

7 你們的地土 已經荒涼；你們的城邑被火焚毀。[3]
你們的田地在你們眼前為外邦人所侵吞，既被外邦人傾覆就 成為荒涼。

11 耶和華說：
你們所獻的許多祭物 與我何益呢？
公綿羊的燔祭和肥畜的脂油，我已經夠了；
公牛的血，羊羔的血，公山羊的血，我都不喜悅。

13 你們 不要再獻 虛浮的供物。香品是我所憎惡的；
月朔和安息日，並宣召的大會，也是 我所憎惡的；
作罪孽，又守嚴肅會，我也不能容忍。[4]

14 你們的月朔和 節期，我心裏恨惡，我都以為麻煩；
我擔當，便不耐煩。

16 你們 要洗濯、自潔，
從我眼前 除掉你們的惡行，
要止住作惡，

17 學習 行善，尋求 公平，[5]
解救 受欺壓的；給 孤兒 伸冤，為 寡婦 辨屈。[6]

這個在「聖殿被毀日」來臨前的安息日(默示安息日)，是一年中最悲傷、哀悼的
安息日，故又稱為「黑色安息日」。

---

[3] 摩西早已預言「土地荒涼」此事。申命記 29:24-28『所看見的人，連萬國人，都必問說：『耶
和華為何向此地這樣行呢？這樣大發烈怒是甚麼意思呢？』人必回答說：『是因這地的人離棄
了耶和華－他們列祖的上帝，領他們出埃及地的時候與他們所立的約，所以耶和華的怒氣向這
地發作，將這書上所寫的一切咒詛都降在這地上。耶和華在怒氣、忿怒、大惱恨中將他們從本
地拔出來，扔在別的地上，像今日一樣。』同參《奧秘之鑰-解鎖妥拉:申命記》No.8 妥拉<站
立>篇之第二段文字信息「這地的災殃」。

[4] 馬太福音 21:12-13：『耶穌進了(父)神的殿，趕出殿裡一切做買賣的人，推倒兌換銀錢之人的桌
子和賣鴿子之人的凳子， 13 對他們說：「經上記著說：『我的殿必稱為禱告的殿』，你們倒使
它 (父神的聖殿) 成為賊窩 了！』』

[5] 摩西離世前，最後一個月，對以色列百姓的最後演講，在申命記第一章，立即就提到 公義 的
重要，因為公義乃是維繫一個國家制度「安全」、社會秩序「穩定」、道德體系「健全」的一個
最關鍵要素，所以在申命記裡面，耶和華神不斷透過摩西，在告誡以色列人 公義 的首要和重
要性。同參《奧秘之鑰-解鎖妥拉:申命記》No.1 妥拉<話語>篇之第四段文字信息「按公義判斷」。

[6] 耶和華神所頒布的律法/妥拉，其實乃是一本特別會來「照顧弱勢」的律法書，從出埃及記、利
未記、再到申命記，都會常常看到耶和華神不斷地告誡以色列百姓，不可欺壓和苦待「弱勢者」。
同參《奧秘之鑰-解鎖妥拉:申命記》No.6 妥拉<出去>篇之第四段文字信息「照顧弱勢」。

## 聖殿被毀日 (תשעה באב)

在以色列民族史上，埃波月九號 (תשעה באב) 的「聖殿被毀日」是最黑暗的一個日子，因為耶路撒冷的第一聖殿和第二聖殿都在這一天被毀壞。第一聖殿於西元前 586 年被巴比倫所毀、第二聖殿於西元 70 年被羅馬人所攻陷。

猶太人在「聖殿被毀日」這一天會避免參加婚禮或任何的慶祝活動，並禁食一天，另外還會誦讀全卷《耶利米哀歌》。「聖殿被毀日」相關讀經段落如下：

妥拉:《申命記》4:25-40、《出埃及記》32:11-14, 34:1-10
先知書伴讀:《耶利米書》8:13-9:24、《以賽亞書》55:6-56:8
節期伴讀書卷:《耶利米哀歌》
詩篇伴讀:137 篇

聖殿被毀，國破家亡，以色列被趕散、流放世界各地，乃因 以色列 沒有敬畏耶和華神、走在真理正道上、行公義、好憐憫。

但即便流亡，散居在各地的猶太人仍然「沒有失去盼望」，他們知道耶和華神，有一天會「再次招聚」餘民「回歸」、會「重建」聖城:耶路撒冷。因此，在「聖殿被毀日」所選讀的經文，除了警惕、告誡之外，也有對於「未來救贖的盼望」。

### 申命記 4:25-40：
摩西在這段經文中早已預言，以色列百姓會因犯罪、拜偶像，而被趕散，但更重要的是，耶和華神「絕對不會」忘記祂自己，和以色列先祖們所立的「永約」。[1]

25 你們在那地住久了，生子生孫，就雕刻偶像，彷彿什麼形像，敗壞自己，行耶和華—你神眼中看為惡的事，惹祂發怒。

26 我 (摩西) 今日呼天喚地向你們作見證，你們必在過約但河得為業的地上 速速滅盡 ！你們不能在那地上長久，必 盡行除滅。

27 耶和華必使你們「分散在萬民」中；在祂所領你們到的萬國裡，你們剩下的人數稀少。

---

[1] 同參《奧秘之鑰-解鎖妥拉:申命記》No.2 妥拉<我懇求>篇之第三段文字信息「趕散與回歸」。

28 在那裡，你們必事奉人手所造的神，就是用木石造成、不能看、不能聽、不能吃、不能聞的神。

29 但你們在那裡必尋求耶和華—你的神。你盡心盡性尋求他的時候，就必尋見。

30 日後你遭遇一切患難的時候，你「必歸回」耶和華—你的神，聽從祂的話。

31 耶和華—你神原是 有憐憫的神；祂「總不撇下」你，「不滅絕」你，也「不忘記」祂起誓與你列祖「所立的約」。

32 你且考察在你以前的世代，自神造人在世以來，從天這邊到天那邊，曾有何民聽見神在火中說話的聲音，像你聽見還能存活呢？

33 這樣的大事，何曾有、何曾聽見呢？

34 神何曾從別的國中將一國的人民領出來，用試驗、神蹟、奇事、爭戰、大能的手，和伸出來的膀臂，並大可畏的事，像耶和華—你們的神在埃及，在你們眼前為你們所行的一切事呢？

35 這是顯給你 (以色列) 看，要使你 (以色列) 知道，惟有耶和華—祂是神，除祂以外，再無別神。[2]

36 祂從天上使你聽見祂的聲音，為要教訓你，又在地上使你看見祂的烈火，並且聽見祂從火中所說的話。

37 因祂愛你的列祖，所以揀選他們的後裔，用大能親自領你出了埃及，

38 要將比你強大的國民從你面前趕出，領你進去，將他們的地賜你為業，像今日一樣。

39 所以，今日你要知道，也要記在心上，天上地下 惟有耶和華祂是神，除祂以外，再無別神。

40 我今日將祂的律例誡命曉諭你，你要遵守，使你和你的子孫可以得福，並使你的日子在 耶和華—你神所賜的地上得以長久。

---

[2] 同參《奧秘之鑰-解鎖妥拉:申命記》No.2 妥拉<我懇求>篇之第四段文字信息「獨行奇事的神」。

詩篇 137 篇：

1.在巴比倫的河邊，
我們一想起錫安，就坐在那裡哭。

2 我們把我們的琴掛在那裡的柳樹上；

3 因為在那裡，擄掠我們的，要求我們唱歌，
搶奪我們的，要求我們作樂，說：為我們唱一首錫安的歌吧！

4.我們怎能 唱耶和華的歌 呢？
是在 外邦 的地呢?

5 耶路撒冷啊，我若忘記妳，
情願我的右手忘記 (技巧)！

6 情願我的舌頭貼於上膛！
如果我不記念妳，
如果我不看耶路撒冷過於我最喜樂的。

不管猶太人流亡到世界各地的天涯海角，每個猶太人的靈魂深處，始終都無法忘卻 **耶路撒冷**，在以色列復國前，過去 1800 多年，歷世歷代的猶太人都有一個無法 (或不能) 完成的夢想: 回到 **耶路撒冷**。

綜觀歷史，列國、地上的政治強權，昔日的亞述、巴比倫、希臘化帝國、羅馬帝國，他們過去如何擄掠、毀壞耶路撒冷，末後的日子，這樣的劇本還會再上演，正如 **撒迦利亞書** 所預言，將來 **列國會攻打耶路撒冷，而耶和華神將會為「立祂自己的名為居所」的聖城 而戰**。

耶利米書 8:13-9:24：

如前文所述，聖殿被毀，國破家亡，以色列百姓被趕散、流放到世界各地，乃是因為 以色列 沒有敬畏耶和華神、行在真理正道上。因此，在「聖殿被毀日」選讀耶利米書這段經文，是一種「**警惕、告誡**」。當以色列的後代子孫讀到這段經文時，就想起先祖們的罪惡，也憶起先知： 耶利米當年 (在猶大國傾滅之前) 曾經發出情詞迫切的預言，以及對於即將遭受國破家亡的「嚴厲警告」。

如同在 妥拉-申命記 4:27-28 摩西早就預言的一樣，耶利米書 9:16 也提到: 因著以色列的悖逆、犯罪，他們會『被趕散到萬國列邦』之中，這乃是要叫世人知道，以色列人被趕散是「出於耶和華」神自己；應許末後的日子「招聚-收取」以色列餘民「回歸-重建」以色列的，也是耶和華神自己，這為的是要叫世人知道: 耶和華是神，是「掌管歷史」的主。

耶利米作為南國猶大 (後期) 的先知，不斷地向百姓、同胞、宗教領袖、國家領導傳「悔改-審判」的信息，無奈他的信息不被人們接受，最後親眼見證南國猶大被巴比倫攻陷、耶路撒冷的覆亡、聖殿被毀。

耶利米傷心地看著自己所發的(審判)預言「應驗」，所以寫出 耶利米哀歌 以表達對於聖城: 耶路撒冷，及自己的同胞:以色列百姓的「悲痛欲絕」。是故，耶利米有「流淚的先知」，猶太人稱耶利米為「見證 (聖殿) 被毀的先知」(נביא חורבן)

8:13 這是耶和華的話語：我必使他們全然滅絕；葡萄樹上必沒有葡萄，無花果樹上必沒有果子，葉子也必枯乾。我所賜給他們的，必離他們而去。

14….都因我們 得罪了耶和華。

18 願我 (指耶利米本人) 能安慰撫平自己的憂愁，但我心在我裡面發昏。

19 聽啊，是我百姓呼救的聲音從遠地傳來：耶和華不是在錫安嗎？ 她 (指錫安) 的王不是在其中嗎？ 為甚麼以自己雕刻的偶像和 外邦虛無的神 惹我發怒呢？

21 (耶利米表達深沉地哀痛說)：因我百姓的損傷，我也受了損傷。我哀痛，驚惶將我抓住。

9:1 但願我的頭為水，我的眼睛為淚水的泉源，我要為我百姓中被殺的人 晝夜哭泣。

6 你居住在詭詐的人中；他們因行詭詐，不願意認識我。這是耶和華的話語。

7 所以萬軍之耶和華如此說：看哪，我要熬煉他們，試驗他們；不然，因我百罪的罪該怎樣行呢？

11 我必使 耶路撒冷 荒廢，為野狗的住處，也必使 猶大的城邑 成為廢墟，無人居住。

13-14 耶和華說：「是因他們 **離棄我在他們面前所設立** 的 **律法** (原文**妥拉**) [3]，**不聽從我的聲音**(話語)，不肯遵行它；反隨從自己頑梗的心行事，照他們列祖所教訓的隨從眾巴力。」

15 所以**萬軍之耶和華**—「以色列的上帝」如此說：「看哪，我必將茵蔯給這百姓吃，又用苦膽水給他們喝。

16 我要把他們「**分散在**」 他們和他們列祖素不認識的 列邦中，我也要使刀劍追殺他們，直到將他們滅盡。

23-24 耶和華如此說：智慧人不要因他的智慧誇耀，勇士也不要因他的強壯誇耀，財主不要因他的財富誇耀；誇口的卻是因這個而誇耀：因他有聰明，能以認識我是耶和華，(我)在世上施行慈愛、公平，和公義，以此為樂。」

這是耶和華的話語。


## 出埃及記 32:11-14, 34:1-10：

聖殿被毀日中，猶太人在妥拉的選讀經文，除了前文已提過的申命記 4:25-40，另外還有一段是在出埃及記 32:11-14, 34:1-10。

選讀出埃及記這兩處經文，意義深刻，因為這是出埃及後「第一代」以色列百姓在曠野，所犯下的一件滔天大罪，是項「死罪」：**拜偶像**，但也因為這個事件，讓猶太人深刻知道一件真理，就是:

耶和華神是「**守約-施慈愛**」的主，滿有「**恩典、憐憫**」。耶和華神「記念」祂與以色列先祖:亞伯拉罕-以撒-雅各「**起誓**」所立的「**永約**」直到今日。

猶太人在「**聖殿被毀日**」讀這兩段關於「**金牛犢事件**」的經文，目的是要讓後代的子孫看到，這個拜偶像、叛逆的「罪」可以追溯到出埃及，曾經經歷「十災」偉大「救贖」的以色列先祖們，他們才出埃及不久，就不知感恩，對耶和華小信，甚至不信，就在曠野「悖逆」上帝。

---

[3] 耶和華神非常看重自己所制定的**律法/妥拉**，所以反覆告誡以色列百姓要「謹守遵行」。同參《奧秘之鑰-解鎖妥拉:利未記》No.10 妥拉<行在我的律例>篇之第一段文字信息「行在我的律例」、第二段「律法與妥拉」、第三段「耶穌與律法」。《奧秘之鑰-解鎖妥拉:申命記》No.5 妥拉<審判官>篇之第三段文字信息「抄錄律法書」。《奧秘之鑰-解鎖妥拉:申命記》No.7 妥拉<進來>篇之第三段文字信息「寫在石頭上」。《奧秘之鑰-解鎖妥拉:申命記》No.9 妥拉<他去>篇之第三段文字信息「誦讀律法書」。《奧秘之鑰-解鎖妥拉:申命記》No.10 妥拉<側耳聽>篇之第五段文字信息「關乎你們生命」。《奧秘之鑰-解鎖妥拉:申命記》No.11 妥拉<祝福>篇之第三段文字信息「以色列的產業」。

於是「硬著頸項的百姓」(עַם-קְשֵׁה-עֹרֶף) 的這個稱號就出現了，這個慣用語在整本聖經的第一次出現，就是在今牛犢 (拜偶像) 事件之後:『耶和華對摩西說：我看這百姓真是「**硬著頸項的百姓**」。出埃及記 32:9』，然後，就是「聖殿被毀日」的妥拉選讀經文的起始段落: 出埃及記 32:11-14 :

11 摩西便懇求耶和華-他的上帝說:「耶和華啊，為甚麼向祢用大力和大能的手，從埃及地領出來的的百姓，發烈怒呢？

12 為甚麼使埃及議論說 『祂領他們出去，是要降禍與他們，把他們殺在山中，將他們從地上除滅?』求祢轉意，不發祢的烈怒，憐憫，不降禍與祢的百姓。

13 求祢記念祢的僕人『亞伯拉罕、以撒、以色列(雅各)』，祢曾指著自己起誓，對他們說：『我必使 你們的後裔像天上的星那樣多，並且我所說的 這全地，我要給你們的後裔，使他們 永遠承受為業。』」

14 於是 **耶和華 憐憫**，不降 祂所說要降給祂百姓的 災禍。

34:6 耶和華在摩西面前經過,宣告:**耶和華，耶和華，有憐憫、有恩典** 的上帝，**不輕易發怒**，並有 **豐盛的慈愛和誠實**,

7 **存留慈愛直到千(萬代)，赦免罪孽、和過犯，和罪惡**,但萬不以有罪的為無罪，必追討父親的罪，到兒子、和兒子的兒子，直到第三(代)，直到第四(代)。

8-9 摩西急忙低頭下拜，說:「主啊，我若在祢眼前蒙恩，主啊，求祢在我們中間行，因為這是硬著頸項的百姓。又求祢 **赦免我們的罪孽 和我們的罪惡**，以我們為祢的產業。」

10 耶和華說:「看哪，我要 **立約**，要在百姓面前 **行奇妙的事**，是在遍地萬國中所未曾創造過的。在它中間所有的 **外邦人** 就要看見 **耶和華的作為**，因我與你所行的 **是可畏懼的事** (降十災、過紅海、出埃及、雲柱-火柱……等等)。


正如上面所引述的經文，即便以色列是「硬著頸項的百姓」，但當後代的猶太人讀到這些經文時，就會清楚知道，耶和華神「不再記念」先祖們在曠野所犯的「拜偶像」的死罪，當然也「不再記念」先祖們的偏行己路、導致兩次的聖毀被毀、國破家亡。

因耶和華神愛祂的百姓，不是因為他們做了什麼，而純粹是因為耶和華神是那一位: **念舊**、「**守約-施慈愛**」、滿有「**恩典和憐憫**」的神，直到今日。[4]

正如「聖殿被毀日」的妥拉選讀經文的最後一節所記，出埃及記 34:10：

『耶和華說：
「看哪，我要 **立約**，要在你百姓 (以色列) 面前 **行奇妙的事**，
是 **在遍地萬國中** 所「**未曾創造過**」的。
在它中間所有的 外邦人「**就要看見**」耶和華的作為，
因我與你所行的，**是可畏懼的事**。』

---

[4] 申命記 7:7-9 『**耶和華 專愛你們**，揀選你們，並非因你們的人數多於別民，**原來你們的人數在萬民中是最少的**。只因 耶和華 愛你們，又因 要守 祂向你們列祖 所起的誓，就用 大能的手 領你們出來，從為奴之家 **救贖你們** 脫離埃及王法老的手。所以，你要知道 **耶和華－你的上帝**，祂是上帝，是 **信實** 的上帝；向 **愛祂、守祂誡命的人 守約，施慈愛，直到千代**。』

# 安慰的安息日 (שבת נחמו)

「安慰的安息日」讀經段落：
先知書伴讀:《以賽亞書》40:1-26
詩篇伴讀: 122、90 篇

由塔模斯月 17 號開始，一直到埃波月 9 號，中間經過的三週安息日，會有三份「**責備**」的先知書伴讀經文 (Haftarat of Rebuke / **פרשיות הפורענות**)，內容主要是關於「譴責、訓斥」以色列百姓的 **犯罪、偏行己路、離棄神** 的控訴，直到「**聖殿被毀日**」達到高峰。

但緊接在「**聖殿被毀日**」之後的第一個安息日，被猶太人稱之為「**安慰的安息日**」(**שבת נחמו**)。因為在這個安息日，猶太人會誦讀 以賽亞書 40:1-26 的經文，並且從這個安息日開始，接連的七個安息日 (包括本週)，都會誦讀關於「**安慰**」信息的先知書經文伴讀，以此預備，來迎接「**吹角節**」的到來。這「**七份安慰信息**」的經文全部都在 以賽亞書。以賽亞書 40:1:

> 『你們的上帝說： 你們**要安慰，安慰** 我的百姓。』
> **נַחֲמוּ נַחֲמוּ** עַמִּי יֹאמַר אֱלֹהֵיכֶם

40:2『要對耶路撒冷的心說話，向她宣告，她的苦役已結束，她的罪孽已償還；她為自己一切的罪，已經從耶和華手中加倍地領受了。』

在「聖殿被毀日」伴讀令人難過、哀傷、被毀的耶路撒冷的詩篇 137 篇:『在巴比倫的河邊，我們一想起錫安，就坐在那裡哭。... 耶路撒冷啊，我若忘記妳，情願我的右手忘記(技巧)！我若不記念妳，若不看耶路撒冷過於我最喜樂的，情願我的舌頭貼於上膛！』

但是，過了「聖殿被毀日」之後，來到「**安慰的安息日**」，伴讀 **詩篇 122 篇**，轉為安慰、帶來盼望，是對於耶路撒冷「回歸」的心願和嚮往。

**詩篇 122 :**
1 人對我說：我們往耶和華的殿去，我就歡喜。
2 耶路撒冷啊，我們的腳站在妳的門內。
3 **耶路撒冷被建造，如同連絡整齊的一座城。**

4 眾支派，就是耶和華的支派，上那裡去，
按以色列的 **證據 (עֵדוּת)**
來頌揚耶和華的名。

5 他們在那裡設立 **審判的寶座，**
就是 **大衛家的寶座。**

6 你們要 **為耶路撒冷 求平安：**
**願愛妳的人 興旺！**

7 願妳的城內 **有平安**，妳的宮裡 **得平靜！**

8 因我弟兄和同伴的緣故，我要說：願平安在妳中間！

9 **因耶和華—我們上帝殿** [1] 的緣故，我要為妳求福！

---

[1] 耶路撒冷之所以被稱為「聖城」，除了昔日的聖殿建立在此，更重要的乃是因為這裡就是耶和華神「**立為祂名的居所**」。同參《奧秘之鑰-解鎖妥拉:申命記》No.4 妥拉<看哪>篇之第二段文字信息「立為祂名的居所」。

# 吹角節 綜論 (יוֹם תְּרוּעָה)

וַיְדַבֵּר יְהוָה אֶל-מֹשֶׁה לֵּאמֹר. דַּבֵּר אֶל-בְּנֵי יִשְׂרָאֵל, לֵאמֹר:
בַּחֹדֶשׁ הַשְּׁבִיעִי בְּאֶחָד לַחֹדֶשׁ יִהְיֶה לָכֶם שַׁבָּתוֹן
זִכְרוֹן תְּרוּעָה מִקְרָא-קֹדֶשׁ

『耶和華對摩西說:「你曉諭以色列人說:
七月初一,你們要守為聖安息日,
要 吹角 作紀念,當有聖會。」
利未記 23:23-24

吹角節,希伯來文 (יוֹם תְּרוּעָה) 意思是「大發響聲,吹出 大聲」的日子。(תְּרוּעָה)
這個字,在中文和合本聖經裡被翻譯成「大聲」。比方說,在民數記 10 章,講到
以色列百姓在曠野,**要拔營起行、移動營地**,以及面對 **戰爭,會吹出大聲**。[1] 再
來,在約珥書 2:1 這裡說到:

『你們要在錫安 吹角,在我 聖山 吹出大聲 (הָרִיעוּ) [2]。
國中的居民都要發顫;
因為 **耶和華的日子** 將到,已經臨近。』

在舊約,也就是希伯來聖經裡面,**吹角**,有好幾種功能,首先、是宣告 **禧年**、
當 **禧年** 來到時,遍地要 **大發角聲** [3]。第二、就是前文提到的,在民數記 10 章
提到的預備 **爭戰** 的緊急時刻。第三、當以色列的 **新王登基即位** 的時候,要吹
角宣告。最後,就是前面在約珥書 2:1 讀到的,吹角是一個 **警示** 的聲響,表示:
**末後,耶和華的日子** 即將來到。

在新約,耶穌講論到 **末後的日子** 的時候,也提到了 **吹出大聲的號角**。馬太福
音 24:30-31: 『那時,**人子的兆頭** 要顯在天上,地上的萬族都要哀哭。他們要
看見 **人子**,有能力,有大榮耀,駕著天上的雲 **降臨**。他要差遣使者,用 **號筒
的大聲**,將他的 **選民**,從四方,從天這邊到天那邊,都招聚了來。』

---

[1] 在傳統猶太人吹號角的吹法中,這種所謂「大聲」的吹法,指的是一種吹出一連「九個短音」,
九個 staccato 的吹法。另參《奧秘之鑰-解鎖妥拉:民數記》No.3 妥拉<燃起/上行>篇之第三段信
息「國防警報系統」。

[2] (הָרִיעוּ) 是 (תְּרוּעָה) 的動詞型態,字根都是 (רוע)。

[3] 同參前文 I 節期總論、第九篇文章「禧年」。

在前面讀的馬太福音 24:31 經文中所提到的 選民，有人認為更多是指的 以色列百姓，猶太人在末世的「終極回歸」和「重新招聚」。

接著，來簡單說明吹角節的「時間點」。吹角節 是耶和華所有節期裡，**唯一一個**，被放在「**月朔/月首**」的節期，月朔，也就是新月剛開始出現的日子，是**夜色最昏暗，月光最黯淡** 的時候。這表示什麼呢？ 這代表，從屬靈上、和預表性的涵義來說，那末後「耶和華神 **大而可畏的日子**」，也就是 **彌賽亞耶穌第二次再來** 的時候，將會是一個 **黑暗幽冥** 的日子，就正如耶穌在馬太福音 24:29 所說的：

『日頭 **就變黑了**，月亮 **也不放光**，
眾星要從天上墜落，天勢都要震動。』

我們可以稍微回顧一下所有 **耶和華的節期**，它的「時間排序」，會發現一個很清楚的，**救贖歷史** 發展的時間進程和階段：

我們說耶穌是 逾越節 被殺的羔羊，又是睡了之人 初熟 的果子，然後耶穌吩咐門徒留在耶路撒冷，在 五旬節 領受父神耶和華降下的聖靈，得著能力，開始往普天下去傳神國的福音。以上的節期 (**逾越節、初熟節、五旬節**) 它們的「預表性含意」都是已經應驗和發生的，而接下來，在五旬節過後的 (秋季) 節期，其「預表性含意」則是還沒有發生和應驗的。

五旬節後，有為期三個多月的時間是沒有節期，要一直到七月一日才有 吹角節。所以，從「屬靈的預表」來說，**這三個多月的間隔**，代表的其實正好就是 **彌賽亞耶穌第一次降臨** 和 **祂末世第二次再來** 的 中間時段。也就是說，當五旬節 聖靈澆灌，教會開展，福音廣傳，直到天下地極之後，那個末期 耶和華大而可畏的日子，也就是 **終末論的吹角節** 才會來到。

吹角節，猶太人又稱為「**新年**」，希伯來文 (רֹאשׁ הַשָּׁנָה)，意思為 一年之首，因為根據猶太人的傳統，吹角節這天，是耶和華創造天地、大地「開始運轉」的日子，所以稱之為一年之首。

而一年的開始，猶太人是以「**省察、悔改**」、尋求神的「**饒恕 和 赦罪**」來預備進入新的一年。所以，從 猶太新年-吹角節 起，隨即展開為期「**十天的悔改期**」，一直到 「**贖罪日**」 達到高峰。這十天，被猶太人統稱為「**至聖節日**」(**the High Holidays**) 或「**大而可畏之日**」(**Days of Awe**)，希伯來文叫 (יָמִים נוֹרָאִים)。

總結來說，吹角節的功能：是要「甦醒、喚醒」人的靈，為著 悔改 做預備，並且提醒 審判 的到來。

附帶一提，按一些猶太人的傳統，在吹角節-猶太新年之夜，會誦讀詩篇 95、98 篇，因為吹角節乃是預告：**彌賽亞準備要以「君王」之姿，來到地上登基、即位**，同時間，以色列也會經歷「末後-最終」的榮耀救贖，列國都要「承認」彌賽亞在以色列-耶路撒冷 坐上寶座的「王權」。

詩篇 95：
1 來啊，我們要向耶和華歌唱，
向拯救我們的磐石歡呼！

2 我們要來感謝祂，
用詩歌向祂歡呼！

3 因 耶和華 為大上帝，
為大王，超乎萬神之上。

6 來啊，我們要屈身敬拜，
在造我們的耶和華面前跪下。

7 因為祂是我們的上帝；
我們是祂草場的羊，是祂手下的民。
惟願你們今天聽祂的話

詩篇 98：
1 你們要向耶和華唱新歌！
因為祂 **行過奇妙的事**；
祂的右手和聖臂 **施行救恩**。

2 耶和華發明了祂的救恩，
在列邦人眼前顯出公義；

3 記念祂 向 **以色列家** 所發的 **慈愛**，所憑的 **信實**。
地的四極都看見 **我們 (以色列) 上帝的救恩**。

4 全地都要向耶和華歡樂；
要發起大聲，歡呼歌頌！

6 用號和 角聲 (קוֹל שׁוֹפָר)，
在大君王耶和華面前歡呼「大聲」(הָרִיעוּ)！.

9 因為 祂來要 審判遍地。
祂要按公義 審判世界，
按公正 審判萬民。

## 吹角節 讀經

「吹角節」讀經段落：
妥拉:《創世記》21:1-34、22:1-24
先知書伴讀:《撒母耳記上》1:1-2:10、《耶利米書》31:2-20
詩篇伴讀: 47、81
新約伴讀:《帖撒羅尼迦前書》4:13-18、《哥林多前書》15:51-54、《希伯來書》
11:17-19。


上列 吹角節/猶太新年 選讀的經文，包含幾個基本主題：
1. 耶和華神是一個「**會記念、信實-守約**」的上帝。
2. 耶和華神應許以色列「**末後的召聚、回歸、恢復 與 救贖**」。
3. 尋求 (切切祈求) 生命的「**悔改-回轉**」、「**更新**」、超然的「**突破**」。
4. **彌賽亞 復臨、審判 列國**。
5. 列國「**承認**」**耶和華神-彌賽亞的王權**。

根據猶太人的傳統，**撒拉懷孕以撒、亞伯拉罕獻以撒、以及 哈拿到示羅的會幕尋求神能夠生育**……等等，這些事都發生在吹角節期間。猶太人相信，在吹角節這一天會特別帶來神「**更新、突破**」的力量和能力。

因此、**應許之子以撒的出生、及以 偉大的先知撒母耳的出生**，被拿來作為吹角節伴讀的經文，都在在證明耶和華是那位能帶來「**突破、創造**」的神，因為按照自然的限制，本來撒拉和哈拿都是「無法生育」的婦人，而這個在萬國中人數「最少」的以色列民 [1]，正是要來「見證」耶和華神的「超自然」，以及祂的「榮耀-偉大」。

在創世記 22 章，亞伯拉罕獻以撒的事件，表現出亞伯拉罕的「**信心-完全獻上**」，以及耶和華的「**信實**」，還包括那隻「**代替**」以撒被獻祭的公山羊。在亞伯拉罕獻以撒的事件之後，經文記載耶和華對亞伯拉罕及其後裔 (以色列) 的一個非常重要的應許-預言，創世記 22:16-18，耶和華說:『你既行了這事，不留下你的兒子，就是你獨生的兒子，我便指著自己起誓說:論福，**我必賜大福給你**;論子孫，**我必叫你的子孫多起來**，如同天上的星，海邊的沙。**你子孫 必得著仇敵的城門，並且 地上萬國都 必因你的後裔 得福**，因為 你聽從了 我的話。』

---

[1] 申命記 7:7『耶和華專愛你們，揀選你們，並非因你們的人數多於別民，原來你們的人數在萬民中 **是最少的**。』

因著耶和華神對亞伯拉罕開啟這樣的「起誓和應許」，所以吹角節，猶太人也會選擇一段論到應許以色列『**末後的召聚、回歸、恢復 與 救贖**』的先知經文。因為在末後「**那大而可畏的日子**」，這個彌賽亞-以色列的王即將復臨「吹角」宣告的大日，同時間也是「伴隨」所有先知們所預言的: 以色列『**在末後的召聚、回歸、恢復 與 救贖**』的進程、應驗。

耶利米書 31：

3 古時 從遠方 **耶和華向我顯現**，說：
我以「**永遠的愛**」愛妳，(耶和華神和以色列的關係常比擬成「夫妻」關係)
因此我以慈愛吸引妳。

4 **少女以色列啊，**
**我要再建立妳，妳就得以建立；**
妳必再佩帶妳的鈴鼓，
隨著歡樂者的跳舞而出。

7 耶和華如此說：
你們當為 **雅各** 歡樂歌唱，
因萬國中為首的歡呼。
當傳揚頌讚說：
耶和華啊，
求祢 **拯救祢的百姓 以色列所剩餘的人**。

8 我必將他們從北方領來，從地極招聚；
同著他們來的有瞎子、瘸子、孕婦、產婦；
他們 **必成為大幫** 回到這裏來。

10 列國啊，要聽耶和華的話，
傳揚在遠處的海島說：
**趕散以色列的 必招聚他，**
又看守他，好像牧人看守羊群。

11 因 **耶和華 救贖了雅各，**
**救贖他 脫離比他更強之人的手。**

17 耶和華說：**妳末後必有指望；**
妳的兒女 必回到自己的境界 (國土)。

按彌賽亞信徒 (信耶穌的猶太人) 選讀的新約伴讀經文,則是論到「彌賽亞復臨」景象的一些描述,特別提到了「**吹角-號筒**」的聲音,這就如同父神耶和華在西奈山「**榮耀-威嚴降臨**」的景象,有密雲、閃電、「**號角聲**」。

所以,吹角節的「號角聲」正是預告-宣告『**大君王的來臨**』,萬邦列國「承認」耶和華神的王權。兩篇的詩篇伴讀都描述此事。

詩篇 47:

1 萬民哪,你們都要拍掌!
要用誇勝的聲音 向上帝呼喊!

2 因為耶和華至高者是可畏的;
祂是 治理全地的大君王。

5 上帝上升,有喊聲相送;
耶和華上升,有 **角聲** (קוֹל שׁוֹפָר) 相送。

8 上帝作王 治理萬國;
上帝坐在祂的聖寶座上。

詩篇 81:

1 你們當向上帝－我們的力量大聲歡呼,
向 **雅各的上帝** 發聲歡樂!

3 當在月朔並月望－
我們過節的日期「吹角」,

4 因這是為以色列定的律例,
是雅各上帝的典章。

作一個小結,吹角節是一個預告不論在物質界或靈界將會有「**劇烈震動、巨大翻轉**」的節期,在這個節期中,神不僅要我們「**悔改**」、再次「**檢視**」自己的 (內心-靈命),被神「**校正-修剪**」,然後祂也要我們「**改變、突破、更新**」,因為祂要來到我們每一位的生命中「**掌王權-居首位**」,為要成就美好旨意,作那美好的新事。

# 悔改的安息日 (שבת שובה)

在「吹角節」及「贖罪日」之間的這個安息日，被稱為「**悔改/回轉 的安息日**」(שַׁבַּת שׁוּבָה)， 英文 Sabbath of Return- Repentance，安置這樣的一個「**悔改/回轉 的安息日**」乃是為了即將到來的「**贖罪日**」做預備。

**悔改** (שׁוּבָה) 這個字的字根 (שׁוּב)，原意為「**回轉**」，英文 return, move backward.

因此，「**悔改**」就是要從彎曲背道的歪路「**回到**」正確的道路中，也就是「**回到**」神的心意、和計畫，「**回到**」神給我們這一生所命定的使命和呼召中。

「**悔改/回轉的安息日**」的標題 <**悔改-回轉 (שׁוּבָה)**> 來自何西阿書 14:1 的經文的第一個字：

> 『**悔改-回轉(שׁוּבָה)**，以色列，回到耶和華你的神那裡，
>          你因自己的罪孽跌倒了。』

這個安息日猶太人會讀三卷先知書的經文伴讀，這些伴讀的內容，都是帶著極大「**盼望**」，甚至是「**喜樂**」的「**悔改**」信息：
1. 《何西阿書》14:1-9
2. 《彌迦書》7:18-20
3. 《約珥書》2:15-27

## 何西阿書 14:1-2,4-6：
『以色列啊，你要 <回轉-悔改-歸向> 耶和華－你的上帝；你是因自己的罪孽跌倒了。**當 歸向 耶和華**，用言語禱告祂說：**求祢除淨罪孽**，悅納善行；這樣，我們就把嘴唇 的祭代替牛犢獻上。…**我必醫治他們背道的病，甘心愛他們**；因為**我的怒氣 向他們 轉消**。我必向以色列如甘露；他必如百合花開放，如黎巴嫩的樹木扎根。他的枝條必延長；他的榮華如橄欖樹；他的香氣如黎巴嫩的香柏樹。』

## 約珥書 2:17-19,27：
『事奉耶和華的祭司要在廊子和祭壇中間哭泣，說：耶和華啊，**求祢 顧惜 祢的百姓**，不要使「**祢的產業**」受羞辱，列邦管轄他們。為何容列國的人說：「他們的上帝在哪裏」呢？耶和華就為「**自己的地**」發熱心，憐恤祂的百姓。耶和華應允祂的百姓說：**我必賜給你們五穀、新酒，和油，使你們飽足；我也不再使你們受列國的羞辱**；…你們必知道 我是在以色列中間，又知道 我是耶和華－你們的上帝；在我以外 並無別神。**我的百姓 必永遠不致羞愧。**』

彌迦書 7:18-20：

『上帝啊，有何神像祢，**赦免罪孽，饒恕你產業之餘民的罪過，不永遠懷怒，喜愛施恩**？必再憐憫我們，將我們的罪孽踏在腳下，又將我們的一切罪投於深海。**祢必按 古時 起誓應許 我們列祖 的話，向雅各發誠實，向亞伯拉罕施慈愛。**』


**「悔改的安息日」詩篇伴讀: 32 篇：**

5 我向祢陳明我的罪，
不隱瞞我的惡。
我說：我要向耶和華承認我的過犯，
祢就赦免我的罪惡。

7 祢是我藏身之處；
祢必保佑我脫離苦難，
以「得救的樂歌」四面環繞我


**「悔改的安息日」新約伴讀《羅馬書》5-6 章、10:14-11:12：**

11:1 我 (指保羅) 且說，上帝棄絕了祂的百姓嗎？**斷乎沒有！**
因為我也是 **以色列人，亞伯拉罕** 的後裔，屬便雅憫支派的。

11:2 **上帝 並沒有棄絕** 祂預先所知道的百姓。

11:11 我且說，他們失腳是要他們跌倒嗎？斷乎不是！
反倒因他們的過失，救恩便臨到外邦人，要激動他們發憤。

11:12 猶太人的過犯給世界帶來了豐富的福澤；
他們靈性上的貧乏反而使外邦人富足。
那麼，如果猶太人全體都包括在上帝的拯救裏面，
這豈不帶來更豐富的福澤嗎？(現中修訂版)

有意思的是，在「**贖罪日**」當天，猶太人也會伴讀這卷「**悔改-救恩臨到外邦**」的書卷: **約拿書**。

# 贖罪日 讀經 (יום כיפור)

「贖罪日」讀經段落：

妥拉:《利未記》16 章、18 章全

先知書伴讀:《以賽亞書》57:14-58:14、

節期伴讀書卷:《約拿書》全卷

詩篇伴讀: 32、65、97、99、100、107 篇

新約選讀:《羅馬書》3:21-26、《哥林多後書》5:10-21、《希伯來書》9-10 章

# 兩隻公山羊 [1]

**贖罪日** 這個節期是所有「耶和華節期」當中最神聖、最莊嚴肅穆的一個節期，它是唯一一個在經文中被提及需要「**刻苦己心**」的節期，同時，贖罪日這個節期所需要做的一種「特別的獻祭」，也清楚的是在預表耶穌為眾人所做的「**贖罪祭**」。

來看利 16:5,7-8：

『要從以色列會眾取 **兩隻公山羊** 為 **贖罪祭**...；
也要把兩隻公山羊安置在會幕門口、耶和華面前，
亞倫為那兩隻羊拈鬮，
一**鬮**歸與耶和華，一**鬮**歸與阿撒瀉勒。』

וּמֵאֵת עֲדַת בְּנֵי יִשְׂרָאֵל יִקַּח **שְׁנֵי-שְׂעִירֵי עִזִּים לְחַטָּאת**
וְלָקַח אֶת-שְׁנֵי הַשְּׂעִירִם וְהֶעֱמִיד אֹתָם לִפְנֵי יְהוָה פֶּתַח אֹהֶל מוֹעֵד.
וְנָתַן אַהֲרֹן עַל-שְׁנֵי הַשְּׂעִירִם גֹּרָלוֹת
**גּוֹרָל אֶחָד לַיהוָה, וְגוֹרָל אֶחָד לַעֲזָאזֵל**

在上面的經文中，清楚地描述到，在贖罪日當中，大祭司為「全體百姓」所做的「贖罪祭」需要有 **兩隻公山羊，一隻歸耶和華，另一隻給阿撒瀉勒。**

歸耶和華的這一隻公山羊，是需要被宰殺的，而且大祭司要將這隻公羊的血帶進會幕的「至聖所」裡面，用牠的血彈在約櫃上面的「蓋板」也就是「施恩座」上面，就是利 16:15 說的：

『隨後他(大祭司) 要 **宰** 那為百姓 **作贖罪祭** 的公山羊，
把 **羊的血** 帶入幔子內...
彈在施恩座的上面 和 施恩座的前面。』

**וְשָׁחַט אֶת-שְׂעִיר הַחַטָּאת** אֲשֶׁר לָעָם
וְהֵבִיא אֶת-דָּמוֹ אֶל-מִבֵּית לַפָּרֹכֶת; ...
**וְהִזָּה אֹתוֹ עַל-הַכַּפֹּרֶת וְלִפְנֵי הַכַּפֹּרֶת**

這隻 **被宰殺的公山羊**，其實正是表達了耶穌為眾人的「罪價」而死，耶穌「代替」眾人來「償還」人們犯罪的血價，這個因為我們「犯罪」而欠神的血債，藉

---

[1] 本文收錄自《奧秘之鑰-解鎖妥拉:利未記》No.6 妥拉&lt;死了之後&gt;篇之第二段文字信息。

著 耶穌在十字架上「一次性」的受苦受死，祂的寶血使我們的債務得以「全部還清」，這就是希伯來書 9:12 說的：

> 『並且不用山羊和牛犢的血，乃用 (**彌賽亞**) 自己的血，
> 　只 **一次進入聖所**，成了 **永遠贖罪** 的事。』

在大祭司獻完第一隻歸給耶和華神的公山羊之後，接下來他要處理第二隻公山羊，就是這隻歸於「阿撒瀉勒」的公山羊，在利 16:21-22：

> 『亞倫要把他的雙手 **按在那隻活羊的頭上**，
> 在牠上面承認以色列人 **諸般的罪孽和他們的過犯**，就是 **他們一切的罪愆**，
> 　**把它們都歸在這羊的頭上**，
> 藉著所派之人的手，送到曠野去。
> **這羊要擔當他們一切的罪孽**，帶到 **無人之地**，他要把這羊放在曠野。』

וְסָמַךְ אַהֲרֹן אֶת-שְׁתֵּי יָדָו עַל רֹאשׁ הַשָּׂעִיר הַחַי
וְהִתְוַדָּה עָלָיו אֶת-כָּל-עֲוֹנֹת בְּנֵי יִשְׂרָאֵל וְאֶת-כָּל-פִּשְׁעֵיהֶם לְכָל-חַטֹּאתָם
וְנָתַן אֹתָם עַל-רֹאשׁ הַשָּׂעִיר
וְשִׁלַּח בְּיַד-אִישׁ עִתִּי הַמִּדְבָּרָה.
וְנָשָׂא הַשָּׂעִיר עָלָיו אֶת-כָּל-עֲוֹנֹתָם אֶל-אֶרֶץ גְּזֵרָה וְשִׁלַּח אֶת-הַשָּׂעִיר בַּמִּדְבָּר

上面 22 節經文裡提到的「**無人之地**」(**אֶרֶץ גְּזֵרָה**) 這個詞組後面那個字(**גְּזֵרָה**) 它的字根(**גזר**)意思就是「**切除-斷絕**」，所以「無人之地」白話的翻譯就是「**斷絕-切斷**」一切、完全「**偏僻荒涼的隔離**」之境，英文就 desolate, isolated land.

而這個「**無人之地**」的地方就是所謂的「**阿撒瀉勒**」，大部分的猶太釋經傳統都認為，「阿撒瀉勒」指的就是猶太曠野中一處崎嶇陡峭的懸崖，下面有山谷和深淵。

所以其實第二隻存活的公山羊，牠最後的結局也是死亡，只不過牠是「**活著-背負**」以色列百姓所有一切的過犯罪孽，被丟到這個象徵「罪惡死亡」的山谷「深淵」之中。

和第一隻歸給耶和華神的公山羊一樣，這個歸給阿撒瀉勒的公山羊，其實也是在預表耶穌所為我們眾人作的贖罪祭。因為父神將眾人的罪孽過犯「都歸到」耶穌的身上，使祂「活著-背負」眾人的罪孽，被送往「阿撒瀉勒」這個代表罪惡和死亡的無盡「深淵」之中，就正如以賽亞書 53:6-7 所清楚描繪的：

『我們都如羊走迷；各人偏行己路；
**耶和華使我們眾人的罪孽都歸在他身上。**
他被欺壓，受苦的時候卻不開口；
**他像羊羔 被牽到 宰殺之地，**
又像羊在剪毛的人手下無聲，他也是這樣不開口。』

耶穌雖然被推到「阿撒瀉勒」這個死亡的深淵之中，但是祂 **戰勝死亡，勝過「撒旦-陰間-死亡」的權勢**，三天後復活。用這一段妥拉的標題來說，就是在耶穌<**死了之後**>，祂的「死裡復活」永遠成就了就贖之工。

最後我們來思想一下在贖罪日所需要的「這兩隻公山羊」，牠們的「贖罪祭」背後所代表的象徵意涵是什麼？

首先、贖罪日所獻的這兩隻公山羊，一隻歸耶和華，另一隻歸給代表死亡深淵的「阿撒瀉勒」，這個寓意很清楚，這是要告訴以色列百姓，**你們的生活和生命，要麼是「歸耶和華為聖」，要麼就是「歸給阿撒瀉勒」**掉入罪惡深淵。人生在世必然要在「神聖-罪惡」、「潔淨-污穢」之間作選擇，這是 **無法中立的**。這就好像是耶穌在登山寶訓說的，馬太福音 6:24：

『**一個人不能侍奉兩個主，**
不是惡這個愛那個，就是重這個輕那個。
你們不能又侍奉神，又侍奉瑪門。』

第二、如果第一隻歸給耶和華被宰殺的公山羊是代表耶穌為我們所「償還罪債」的贖罪祭，使我們現在的生命「得贖」成為「自由」之後；那麼第二隻「帶走」一切過犯罪孽要被打發帶走，歸給「阿撒瀉勒」的羊則是預表我們每個重生得救之後的人，現在開始要準備「進入潔淨-邁向成聖」。

也就是說，有了第一隻公山羊為我們贖罪「償還罪債」這還不夠，我們還需要盡可能地 **把罪「丟得遠遠」的**，丟到「阿撒瀉勒」那個深淵去。所以說第二隻歸給「阿撒瀉勒」的公山羊，其實要贖的，是我們日後將來可能會犯下的「**潛在犯罪**」的「**心思意念**」。

因為，人雖然信主了，罪債得贖了，但是因為人是血肉之軀，「潛在的」犯罪心思「意念」，仍然會在我們的靈裡蠢蠢欲動，肉體慾望的潛在犯罪的誘惑力量還在，所以要「**持續潔淨**」，「**繼續抵擋**」罪惡的誘惑。這個就是為什麼還需要有第二隻歸給「阿撒瀉勒」的公山羊的贖罪祭，它背後真正的深刻意涵。

# 耶穌是贖罪日的完成 [1]

在利未記裡面提到所有的「獻祭」制度，特別是「贖罪日」的規條，其實是表達出神的「憐憫和恩典」。我們可以歸根結柢地這麼說: 摩西的律法(也就是妥拉) 它的核心乃是「獻祭」，這明顯地證明: 耶和華神知道以色列百姓沒有能力去遵行妥拉；所以獻祭制度的出現乃是宣告「神的恩典」，以及神祂願意「寬恕」祂百姓的罪過。

來看羅馬書 3:24-25：
『如今卻蒙上帝、父神耶和華的恩典，因著父神的愛子彌賽亞:耶穌的救贖，就白白地稱義。這位以色列的聖者、父神:耶和華，祂親自將祂的愛子，就是那位生來要做以色列的王:耶穌 當作「挽回祭、贖罪祭」，是憑著耶穌的血，藉著人的信，要顯明上帝的義..』

「挽回祭」希臘文( ἱλαστήριον ) 這個字在七十士譯本通常是用來對翻希伯來文的「施恩座」(כַּפֹּרֶת)，也就是約櫃上面的那一個「覆蓋」、蓋板，是大祭司在「贖罪日」的時候「一年一次」進入到「至聖所」裡面，為全體以色列百姓贖罪，將牛羊的血所灑在上面的地方。

「施恩座」(כַּפֹּרֶת) 這個字，裡面有(כפר) 「覆蓋、遮蓋」這個字根，因為贖罪的動作，就是透過無辜牲畜的宰殺和所流的血，去暫時地「塗抹、遮蓋」以色列百姓的罪

獻祭、會幕、聖殿，這些東西其實都是在預表彌賽亞耶穌道成肉身的「救贖」工作。這表明，耶穌，祂就算是神的兒子，也仍「需要按照」耶和華神所設立的會幕，所要求的「獻祭」、「流血、贖罪」的這一流程來進行。

耶穌並沒有仗勢著自己是「父神耶和華的兒子」這一尊貴的身分，就走捷徑，旁門左道，也就是透過一種「不需經歷」痛苦、流血、死亡的方式來為眾人贖罪。比方說，耶穌拿一隻刀片，在自己手上劃一刀，流血，然後就向父神說，我已經完成為全人類贖罪的工作，沒有..

前文讀過的希伯來書 9:12『並且不用山羊和牛犢的血，**乃用自己的血**，只一次進入聖所，成了永遠贖罪的事。』

---

[1] 本文收錄自《奧秘之鑰-解鎖妥拉:利未記》No.6 妥拉<死了之後>篇之第三段文字信息「贖罪日的預表」。

也就是說，耶穌用「自己的身體和流血」，來替以色列百姓和全人類，來到耶和華神的「施恩座」前，做 獻祭 和 贖罪 的動作。所灑在施恩座上面的血，不是大祭司用公牛和公羊灑的血，乃是: 彌賽亞耶穌祂自己寶貴的鮮血。

因此，藉著彌賽亞耶穌這個「無瑕疵」的獻祭，這「完全純潔」的生命寶血，耶穌「贖罪的功效、力量」，當然就「超越」所有過去以色列百姓用牛、羊所做的獻祭。就正如希伯來書 10:11-12 所說：

『凡祭司天天站著事奉上帝，
屢次獻上 一樣的祭物，這祭物(牛羊牲畜) 永不能除罪。
但彌賽亞獻了 一次永遠的贖罪祭，就在上帝的右邊坐下了。』

是的，彌賽亞耶穌，祂就是「贖罪日」最終的成全，耶穌用自己的身體和鮮血所獻的祭永遠成就、完成了「人類贖罪」的工作。所以接著希伯來書 10:18 說：

『這些罪過既已赦免，就不用 再為罪 獻祭了。』

意思是說，以後再也不需要透過宰殺牛、羊的方式來獻祭和贖罪。

125

# 幔子裂成兩半 [1]

『在新約聖經裡，**希伯來書** 比任何其他的書卷，有更多的篇幅用來形容耶穌是 **贖罪日** 的成全。希伯來書 充滿了 **贖罪日** 的典故和暗示，並有 **獻祭**制度 如何在彌賽亞耶穌裡成全了的詳細描述。』[2]

會幕裡有一個很重要的預表，那就是「分隔」至聖所和聖所的 **幔子**，在希伯來書 10:20，作者把這個 **幔子** 當作是 **彌賽亞耶穌的身體**。

當耶穌在十字架上斷氣的時候，發生了一件驚天動地的事，就是 **聖殿裡的 幔子 裂成兩半**。 而 **幔子** 希伯來文(**פָּרֹכֶת**) 他的字根(**פרד**) 意思就是 **壓碎、破碎、重擔 (crushing, oppression)** 的意思。 這讓我們想到以賽亞書 53:10 的經文：

> 『耶和華卻定意將他 **壓傷**，使他 **受痛苦**。
> 耶和華以他為 **贖罪祭**。』

**幔子 被撕裂**，也表達出父神耶和華的 **哀悼、悲痛**。因為當耶穌在十字架前，「承受、背負著」全人類的罪惡時，耶穌所受的那沉重的痛苦，重到讓祂感覺到連父神耶和華也要遺棄祂，因此耶穌絕望的喊著：

> 『我的神，我的神，為什麼離棄我？』
> **אֵלִי אֵלִי לָמָה עֲזַבְתָּנִי**

父神耶和華在天上，眼睜睜地，看著祂的愛子 受苦、流血，最後斷氣，完成這個「代替」全人類所做的贖罪工程。

因著，耶穌的身體「被破碎」，那本是「阻隔」人來到至聖所-施恩寶座前的這條幔子破裂以後，結果就是，人人(不管你是不是祭司，是猶太人還是外邦人) 只要願意接受彌賽亞耶穌寶血的贖罪，都可以坦然無懼地來到 (這個本來一年一度只有大祭司才能進去的) 至聖所面前。[3] 正如希伯來書 10:19-23 所說：

---

[1] 本文收錄自《奧秘之鑰-解鎖妥拉:出埃及記》No.7 妥拉<禮物/奉獻>篇之第四段文字信息「耶穌的預表」。

[2] 見《吹響得贖的號角:以色列的秋季節期-吹角節、贖罪日、住棚節》，Mitch and Zhava Glaser 著，王大民譯，選民事工差會-道聲出版社，2017 年 1 月初版，頁 160。

[3] 所以耶穌才這樣說『我就是 **道路、真理、生命**。若不藉著我，沒有人能到父神 (耶和華) 那裡去。』約翰福音 14:6。

『我們既因 耶穌的血 得以坦然 進入至聖所，
藉著他給我們開了 一條又新又活的路，
從 幔子 經過，這幔子 就是 他的身體。

又有一位大祭司治理上帝的家，
並我們心中 天良的虧欠已經灑去，身體用清水洗淨了，
就當存著誠心和充足的信心來到上帝面前；
也要堅守我們所承認的指望，不致搖動，
因為那應許我們的 是信實的。』

# 贖罪日的終末論 [1]

世界上，大概沒有一個國家和民族，像以色列-猶太人這樣，會有一個節期叫做「**贖罪日**」，這樣一個，一年一度『**全國性反省、悔改、尋求赦免**』的大日。

『因在這日要為你們行蔽罪、贖罪禮，使你們「潔淨」。你們就在耶和華面前「得以潔淨」，脫離你們「一切的罪愆」。這對你們是安息日中的安息日 (聖安息日)，你們要刻苦己心；這為永遠的定例。』利 16:30-31

以色列百姓出埃及，還在曠野的時候，耶和華神就告訴他們要遵守「贖罪日」這個「耶和華神的節期」。

但或許耶和華神已經「預見未來」，知道這個「硬著頸項」的百姓，會「拒絕」祂所差來到世上的彌賽亞:耶穌，以及耶穌所做的「贖罪祭」，所以兩、三千年猶太人世世代代所做的贖罪，這個遵循「贖罪日」禮儀的「全國性的悔改」，就變成了每年一次的「**預演和排練**」，這個預演和排練正式為著「末後的日子」作準備。撒迦利亞書12:9-10，耶和華神說:

『那日，我必定意滅絕來攻擊耶路撒冷各國的民。我必將那施恩叫人懇求的靈，澆灌 大衛 家和 耶路撒冷 的居民。**他們必仰望我** ，就是 **他們所扎的**;必為我悲哀，如喪獨生子，又為我愁苦，如喪長子。』

這個我們前面說的「預演和排練」，其實就是為著彌賽亞耶穌祂的第二次再來做準備，因為 終末論的「贖罪日」就是:以色列的，特別是 (屬靈-宗教) 的領袖，他們將會帶領「以色列全家」，來到神面前「悔改」，是為著一件「**全國-集體性的罪**」，就是: 2000 年前，那一個「沒有承認」耶穌是彌賽亞以及祂所成就的贖罪祭的世代，他們的「這樁罪過」來悔改。

也就是馬太福音 23:36-39，耶穌說的這一段話:
『我實在告訴你們，**這一切的罪都要歸到 這世代了**。耶路撒冷啊，你常殺害先知，又用石頭打死那奉差遣到你這裏來的人。我多次願意聚集你的兒女，好像母雞把小雞聚集在翅膀底下，只是你們不願意。看哪，你們的家成為荒場留給你們。我告訴你們，從今以後，你們不得再見我，**直等到你們說:『 奉主(耶和華)名來的 是應當稱頌的 。』**

---

[1] 本文收錄自《奧秘之鑰-解鎖妥拉:利未記》No.6 妥拉<死了之後>篇之第三段文字信息「贖罪日的預表」。

是的，「終末論的贖罪日」必然發生，那是因為耶和華神「仍然紀念」祂與以色列先祖所立的「永約」，也就是利 26:40-42 這段具有預表性的經文所說的：『他們要承認自己的罪和 他們 祖宗的罪，就是 干犯我 (耶和華) 的那罪，並且承認自己行事與我 (耶和華) 反對，我所以行事與他們反對，把他們 帶到仇敵之地。那時，他們未受割禮的心若謙卑了，他們也服了罪孽的刑罰，我就要記念我與雅各所立的約，與以撒所立的約，與亞伯拉罕所立的約，並要記念這地 (以色列地)。』

最後，以羅馬書 11:25-27 這段經文來作一個小結：

『弟兄們，我不願意你們不知道這奧祕，恐怕你們自以為聰明，就是：以色列人有幾分是硬心的，等到外邦人的數目添滿了，於是 以色列全家都要得救。如經上 (以賽亞書 59:20-21) 所記：「必有一位救主從錫安出來，要消除雅各家的一切罪惡。」 又說：「我除去他們罪 的時候，這就是 我與他們所立的約。」』

# 贖罪日與約拿 [1]

在猶太人的讀經傳統裡，**不同的節期，會搭配不同的書卷「一起伴讀」**，目的是為了讓節期中的「**主題信息**」透過這些書卷的經文，可以更多地被強調出來。

譬如說在「**逾越節**」，猶太人會讀 **雅歌**，因為逾越節乃是紀念耶和華神對以色列所施行的偉大「救贖」，及對以色列先祖亞伯拉罕-以撒-雅各「守約」的拯救行動，這個救贖行動乃是基於耶和華神對於以色列的「山盟海誓」的「**婚約之愛**」而產生的，因此逾越節，猶太人會讀 **雅歌** 這卷歌頌耶和華神與祂的子民以色列那「**永不後悔、又濃情蜜意**」的 **愛情** 故事。

到了「**五旬節**」，猶太人會讀 **路得記**，因為當年路得跟著婆婆拿俄米來到伯利恆，遇到波阿斯的時候，正好是「收割大麥」完畢，然後開始時收割「初熟小麥」的期間，而「五旬節」正好就是大麥收割完畢，小麥初熟可以開始收割的日子。我們知道，後來波阿斯娶了這位「外邦」女子:**路得**為妻，這就使得後來大衛「彌賽亞國度」的家族血緣裡，有以色列與「外邦」聯姻的血液。所以在這個預表「**聖靈降臨**」的五旬節來讀 路得記，其實有很深刻的寓意，因為這個節期就是代表「**神國臨到外邦**」、福音廣傳、和「**一個新人**」的意涵。

耶和華三大節期的最後一個:「**住棚節**」，猶太人會搭配伴讀的書卷是 **傳道書**，因為住棚節的節期信息是在講述神的保護和供應、「**神的同在**」、以及「**神的國度**」，所以住棚節讀這卷對「**人生無常**」-「**此世短暫**」發出警語的《傳道書》再適合不過了，因為傳道書就是要告訴讀者，人生在世只是作「寄居和客旅」的，我們更應該要渴慕和想望的是神的國度。

再來，在所有節期中最悲哀的一個就是「**聖殿被毀日**」，猶太人會搭配 **耶利米哀歌** 一起伴讀。

**普珥節**，猶太人則會伴讀 **以斯帖記**，這很好理解了，因為在《以斯帖記》裡面正好就是在講述這個「反悲為喜、反敗為勝」的奇蹟的節期:普珥節的由來，這是在告訴世人，在人類歷史的背後，有一隻看不見的手在上面「運籌帷幄」，祂「絕不容許」外邦的政治勢力對猶太人發動「種族滅絕」的行動和計畫，就像當年埃及帝國的法老對希伯來人所做的那樣。

最後，來到**贖罪日**，在贖罪日，猶太人會讀 **約拿書**，因為這卷書正好也是在講

---

[1] 本文收錄自《奧秘之鑰-解鎖妥拉:利未記》No.6 妥拉<死了之後>篇之第四段文字信息。

人的「**悔改和贖罪**」，同時也是在預表父神對猶太人「贖罪的救恩」**也會臨到外邦**，這個外邦甚至還可能是以色列的敵國，就像是在《約拿書》裡面提到的亞述，只要當這些人心裡預備好「要悔改」，那神贖罪的救恩就會臨到。而約拿，就正好是在預表「以色列」百姓，他們認為只有「猶太人自己」才享有這救恩的權利，所以約拿不願意按著耶和華神的心意和計畫去亞述的尼尼微城，召聚眾人悔改。

說來其實也很諷刺，在整本希伯來聖經裡面，以色列百姓從來沒有這麼快速立刻地去專注聆聽，並且「完全順服」先知所說的話，但是在亞述的尼尼微城，這些外邦人居然在約拿「一句話」的號召悔改之下，全城竟然「立刻悔改」，約拿書 3:4-5：

『約拿進城走了一日，宣告說：「再等四十日，尼尼微必傾覆了！」尼尼微人信服上帝，便宣告禁食，從最大的到至小的 都穿麻衣。』

約拿，其實就好像是在預表，或者反過來說，再次明證以色列做為列國中「**長子**」的位分，是一個「**中保**」的角色，出埃及記 19:5-6：

『如今你們若實在聽從我的話，遵守我的約，就要在萬民中作屬我的子民，因為全地都是我的。你們要歸我作「**祭司**」的國度，為聖潔的國民。這些話你要告訴以色列人。』

以色列做為祭司的國度，**替列邦萬民「代贖」**，這在彌賽亞耶穌，這位猶太人的身上，得到完全的成就。

以色列「**牽動列國**」，這就好像是約拿，他沒有遵照耶和華神的吩咐，回應神的呼召，落跑、跑掉，結果引來了海上的風暴，讓「**全船的人**」感到恐慌，甚至有生命危險。

而約拿也很清楚，一切的災難都是因為他引起的，約拿知道：這是耶和華神和他的約定，在整艘船上，**只有他 有一個「特別的」**身分、使命。約拿書 1:9，約拿對著船上的人說：

『我是「**希伯來人 (עִבְרִי)**」。
我敬畏 耶和華 — 那創造滄海旱地之天上的神。』

וַיֹּאמֶר אֲלֵיהֶם **עִבְרִי** אָנֹכִי
וְאֶת-**יְהוָה** אֱלֹהֵי הַשָּׁמַיִם **אֲנִי יָרֵא** אֲשֶׁר-עָשָׂה אֶת-הַיָּם וְאֶת-הַיַּבָּשָׁה

在妥拉(摩西五經)裡面，第一個被稱為「**希伯來人**」的人，就是被耶和華神呼召，要離開本地、本族、父家去「修復世界」的 亞伯拉罕。創世記 14:13

某種程度上來說，因著約拿的「被獻祭」，或者說「被犧牲」，才換來全船上的人員的性命安全，約拿書 1:15-16：

> 『他們遂 **將約拿擡起，拋在海中，海的狂浪就平息了。**
> 那些人便 **大大敬畏耶和華**，向耶和華獻祭，並且許願。』

約拿記讀到後面，我們看到，約拿居然為了一顆樹，跟耶和華神鬧脾氣，這個脾氣似乎在表達，為什麼我所敬畏的耶和華神，也會讓「**外邦**」，領受「**贖罪-悔改**」的憐憫和恩典，巴不得我約拿早死在開往他施的船上。約拿書 4:10-11：

『耶和華說：這蓖麻不是你栽種的，也不是你培養的；一夜發生，一夜乾死，你尚且愛惜；何況這尼尼微大城，其中不能分辨左手右手的有十二萬多人，並有許多牲畜，我豈能不愛惜呢？』

是的，真正的悔改，就是學習不看自己的益處，而是去看「神的益處」，回到「神的心意」當中，讓神在我們身上所計畫的命定、呼召、使命，得以被實現，因而「成就」神偉大奇妙的工作。

# 住棚節 綜論 (חג סוכות)

「住棚節」節期間 (七日) 讀經段落：

妥拉:《利未記》22:26-23:44 、《出埃及記》33:12-34:26、《民數記》29:12-40

先知書伴讀:《撒迦利亞書》14:1-21、《列王記上》8:2-21、《以西結書》38:18-39:16

節期伴讀書卷:《傳道書》全卷

詩篇伴讀:29, 42, 50, 61, 66, 76, 77, 80, 81, 82, 88, 94, 96, 97 篇

新約伴讀:《約翰福音》1:10-14, 第 7 章、《啟示錄》7:1-10, 21:1-4、《啟示錄》
21:1-22:21


『耶和華 必在錫安全山，並其會眾以上，

白天造出煙雲，黑夜發出火焰的光，

因為在全榮耀之上必有 遮蔽 (חֻפָּה Chuppah)；

這要做為 住棚 (סֻכָּה Sukkah)，

白天可以遮蔭避暑，

暴風雨侵襲時，可做為藏身處和避難所。』以賽亞書 4:5-6


『耶和華對摩西說: 你曉諭以色列人說：

「這七月十五日是 住棚節 (חג הַסֻּכּוֹת)，

要在耶和華面前 守這節 七日。」…

你們 收藏了地的出產，就從七月十五日起，

要守 耶和華的節 (חג-יְהוָה) 七日。…

在耶和華你們的神面前 歡樂七日。…，

這為你們世世代代永遠的定例。

你們要 住在棚裡 (בַּסֻּכֹּת תֵּשְׁבוּ) 七日，

凡以色列家的人，都要 住在棚裡 (יֵשְׁבוּ בַּסֻּכֹּת)，

好叫你們世世代代知道 我領以色列人出埃及地 的時候，

曾使他們 住在棚裡 (בַסֻּכּוֹת הוֹשַׁבְתִּי)。

我是耶和華你們的神。』利未記 23:33-34、39-43

## 一、住棚節/收藏節: 年終的豐收

耶和華的三大節期，大抵都跟「**農事的收割-豐收**」有關，因此住棚節第一次出現在妥拉經文中的名稱，就是「**收藏節 (חַג הָאָסִף)**」，出埃及記 23:16：

> 『又要守收割節(五旬節)，所收的是你田間所種、勞碌得來初熟之物。
> 並在年底收藏，　要守　**收藏節 (חַג הָאָסִף)**。』

在年底的「**收藏 和 豐收**」，耶和華神吩咐以色列人要守住棚節，以示感恩，知道這一切都是神的供應 [1]，並要歡喜快樂，然後向神獻祭，申命記 16:13,15-16：

> 『你把禾場的穀、酒醡的酒收藏以後，就要守 **住棚節** 七日。
> 在耶和華所選擇的地方，你當向耶和華－你的上帝守節七日；
> 因為 **耶和華你神在你一切的土產上和你手裏所辦的事上 要賜福與你**，
> 你就 非常地歡樂。
> 你一切的男丁要在除酵節、七七節、住棚節，
> 一年三次，
> 在耶和華你神所選擇的地方朝見他，**卻不可空手朝見**。』

## 二、住棚節的獻祭，與耶和華的節期基數: 七

住棚節的節期獻祭是「祭禮最多」的一個節期，如果把 **民數記 29:12-34** 這段經文中的住棚節「獻祭清單」以表格來圖示如下：

| 住棚節 | 燔祭 | | | 贖罪祭 |
|---|---|---|---|---|
| | 公牛犢 | 公綿羊 | 公羊羔 | 公山羊 |
| 第一日 | 13 | 2 | 14 | 1 |
| 第二日 | 12 | 2 | 14 | 1 |
| 第三日 | 11 | 2 | 14 | 1 |
| 第四日 | 10 | 2 | 14 | 1 |
| 第五日 | 9 | 2 | 14 | 1 |
| 第六日 | 8 | 2 | 14 | 1 |
| 第七日 | 7 | 2 | 14 | 1 |

---

[1] 申命記 11:13-15『你們若留意聽從我今日所吩咐的誡命，愛耶和華－你們的上帝，盡心盡性事奉他，**祂必按時降秋雨春雨 在你們的地上**，使你們可以收藏五穀、新酒，和油，也必使你吃得飽足，並使田野為你的牲畜長草。』

那我們會發現，以上這些獻祭的祭品數量的總數，最後都會回到「七」的基數或倍數：

1. 公牛犢: 13+12+11+10+9+8+7= 70　(10 x**7**) 隻
2. 公綿羊: 14 (2 x**7**) 隻
3. 公羊羔: 98 (14x **7**) 隻
4. 公山羊: **7** 隻

「七 (שבע) 」這個神聖-完全的數字被烙印在所獻的祭物的總數上。在耶和華節期的最後一個節期：**住棚節**，神透過所需獻祭的物品上，刻上祂完全悅納的印記，並強力彰顯出祂向以色列「**起誓(נשבע)**」，並與以色列所立的 「**誓約(שבועה)**」。[2]

## 三、住棚節讀 傳道書
在猶太人的節期讀經傳統裡，住棚節會誦讀「**超越塵世、省思人生**」的傳道書，因為傳道書開篇即提到，傳道書 1:2-4：

> 『**虛空** 的 **虛空**，**虛空** 的 **虛空**，凡事都是 **虛空**。
> 人一切的勞碌，就是他在日光之下的勞碌，有甚麼益處呢？
> 一代過去，一代又來，地卻永遠長存。』

因此，當以色列人在住棚節的節期當中，住進「簡陋的住棚」時，就會再次被提醒：

1. 要追憶以色列先祖在「**曠野漂流、居無定所**」的日子，若不是耶和華神「**親自引導、供應、保護**」，先祖們理應是全部死在曠野。

2. 人活在地上，不過是 **暫時的**，是 **作客旅的、寄居的**。

3. 離開俗世繁忙的生活，**來到神的面前**，**與神面對面**，並且面對真實的自我。

所以，傳道書的結語這樣說道，傳道書 12:13：

> 『這些事都已聽見了，總意就是：
> 敬畏上帝，謹守祂的誡命，這是人所當盡的 本分。』

---

[2] 同參前文 I 節期總論、第五篇文章「七與誓約」。

住棚節的「**住棚**」希伯來文(**סֻכּוֹת**) 讀音 **sukkot** 這個字就是 **棚子** 的意思。這個節期，首要紀念的就是，以色列百姓出埃及後，在曠野漂流的 40 年間，雖然生活艱難，在邁向應許地上的路途上，住在棚子裡，但以色列人卻是實際地經歷到**耶和華神祂時刻的同在、保護、帶領，以及供應**。

出埃及記 12:37『以色列百姓從蘭塞起行，往 **疏割** 去 (**סֻכֹּתָה**) 讀音 **sukkota**。』這節經文的前面，講述了埃及帝國經歷了第十災、殺長子之災，最後迫使法老願意放人，讓以色列人離開埃及，於是，以色列百姓從埃及的蘭塞大城 起行，要往 **疏割** 去。 疏割 希伯來原文，其實就是 **住棚** (**סֻכֹּת**) 讀音 **sukkot** 這個字。所以，在這節經文裡，它背後所要真正表達的一個訊息就是: 以色列現在要離開這個為奴之地，準備邁向、前往一個 「**與耶和華神同在**」 靈命更高的境界去。因為，以色列人在出埃及的第二年，就在曠野把 **會幕** 豎立在營地當中。

四、耶和華三大節期的「排序邏輯」

從耶和華節期的排序上來看，所謂的三大節期:第一個是 **逾越節**，代表耶和華神的 **救贖**，以色列百姓出埃及、過紅海、脫離法老的奴役和罪惡的枷鎖。

來到第二個節期: **五旬節**，代表的是「**救贖的目的**」，以色列百姓要到西奈山，與耶和華神相認，並 **領受和學習神的律例、典章、聖法**，所以五旬節猶太人又稱為「妥拉降世節」。

最後，耶和華神的第三大節期: **住棚節**，進入「**救贖的完成** 和 **最高峰**」，代表的是 **神與人的同住、耶和華神的會幕在人間**。

按照耶和華節期的發展邏輯，那其實也就可以清楚地理解，為什麼 **出埃及記** 這卷書最後的結尾，會在以色列百姓 **將會幕立起來**，和 **神的榮耀及雲彩降臨** 做為「一個完美的句點」，因為 **會幕** 所實際具體代表的就是，**神隨時的同在-保護**。以色列百姓從出埃及記的起頭，還是一群為法老做苦工的奴隸，發展到出埃及的結尾，竟然變成了「祭司的國度、聖潔的子民」，還為耶和華神造出了一個居所，這確實是一個極大的轉變。**會幕** 的出現，**耶和華住在以色列百姓中間**，這就是出埃及記的巔峰。[3]

---

[3] 所以，出埃及記這卷書的脈絡鋪陳和發展，正是耶和華三大節期排序的縮影。

## 六、住棚節: 全國聚集、誦讀-聆聽-學習神話語、回到神面前 的節期

來看申命記 31:10-13 這段經文:

> 『每逢七年末一年,就在豁免年的定期 住棚節 的時候,
> 以色列眾人來到耶和華－你上帝所選擇的地方 (耶路撒冷) 朝見祂。
> 那時,你要在以色列眾人面前將 這律法 念給他們聽。
> 要 招聚 他們男、女、孩子,並城裏寄居的,
> 使他們 聽,使他們 學習,好敬畏耶和華－你們的上帝,
> 謹守、遵行 這律法 的一切話,
> 也使他們未曾曉得 (這律法) 的兒女 得以聽見,
> 學習敬畏耶和華－你們的上帝,
> 在你們過約旦河要得為業之地,存活的日子,**常常這樣行。**』

因為這個緣故,所以猶太人後來在「住棚節」結束後的隔一天,有了一個增補的節期,叫作「**歡慶妥拉節 (שִׂמְחַת תּוֹרָה)**」,這個詞組直接翻譯就是:**妥拉歡慶**。

及至被擄歸回時期,這些從巴比倫回歸的猶太人,在文士以斯拉的號召下,大家也一起在這座重修的聖殿前,激動地讀著神的律法(妥拉),當時正好就是「**住棚節**」,尼西米記 8:17-18:

> 『從擄到之地歸回的 全會眾就搭棚,住在棚裏。
> 從嫩的兒子約書亞的時候直到這日,以色列人沒有這樣行。
> 於是 眾人大大喜樂。
> 從頭一天直到末一天,以斯拉 每日念 上帝的律法書 (妥拉)。
> 眾人守節七日,第八日照例有嚴肅會。』

可以試著去想像,當第七年的「**住棚節**」來到時,以色列「全國上下」,大家「一起聚集」在首都,大聲地讀著「神的話」的那種震撼的場面。

另外,值得注意的是,在所有耶和華的節期中,也唯有 住棚節 這個節期,是耶和華神明訂,要所有的人聚在一處,做一件很重要的事,就是: **讀神的話、聆聽神的話、學習神的律法、好叫所有的人 謹守、遵行 這律法 的一切話,學習敬畏耶和華神。**[4]

---

[4] 關於 **神的律法** 的重要性,筆者在《奧秘之鑰-解鎖妥拉:申命記》的好幾段文字信息都已論述過,譬如 No.5 妥拉<審判官>篇之第三段「抄錄律法書」、No.9 妥拉<他去>篇之第三段「誦讀律法書」、No.11 妥拉<祝福>篇之第三段「以色列的產業」。

為什麼要把「**神的律法 (妥拉)**」看得如此重要，原因很簡單，因為這是耶和華神「單單」向你們以色列百姓「**啟示-顯明**」出來的「聖法」，在耶和華神頒布-制定的這些「律例-法度-誡命」當中，蘊含著許多神「奧秘的智慧」和「啟示的亮光」，正如申命記 4:7-8 節所說：

『哪一大國的人 有神與他們相近，像 耶和華－我們的上帝、在我們求告他的時候 與我們相近 呢？又哪一大國 **這樣公義的** 律例典章、像我今日在你們面前所陳明的 **這一切律法** 呢？』

所以，你們以色列百姓，若好好「實踐並保存」耶和華神律法當中的這些「啟示-奧秘-智慧」的話，那麼耶和華神會使你們在列國中顯得有聰明、有智慧，申命記 4:6：

『這就是你們 在 萬民眼前 的 **智慧、聰明**。他們聽見 **這一切律例**，必說：『這大國的人真是 **有智慧，有聰明！**』

## 七、住棚節: 關乎 **獻殿、重建聖殿、神的居所 豎立** 的節期

在希伯來聖經中，我們看到以色列的第一次建殿和獻殿，和被擄歸回的預備開始重修聖殿的時間，都特意選在 **住棚節** 這個預表「**神與人同住**」的節期，先來看列王記上 8:1-2：

『那時，所羅門將以色列的長老和各支派的首領，並以色列的族長，
**招聚到 耶路撒冷，**
要把耶和華的約櫃從大衛城－就是錫安－運上來。
以他念月，就是七月，在 **(住棚)節** 前，
以色列人都聚集到所羅門王那裏。』

所羅門王選擇 **住棚節期** 來作為 **獻殿** 時間，是因為他知道這個節期所要記念的，正好是 **神與人的同住、神的榮耀** 與百姓 **同在**。所以列王記上 8:10-11 描述到當時所羅門王獻殿時榮耀的景象：

『祭司從聖所出來的時候，**有雲充滿耶和華的殿；**
甚至祭司不能站立供職，
因為 **耶和華的榮光** 充滿了殿。』

前面這段經文，也讓我們想到出埃及記最後，當以色列人把會幕立起來的場景，出埃及記 40:34-35：

『當時，雲彩遮蓋會幕，**耶和華的榮光充滿了帳幕**。
摩西不能進會幕；
因為雲彩停在其上，**耶和華的榮光充滿了帳幕**。』

住棚節這個節期，從「末後的預表性意涵」來說，指的當然也就是 **神與人同在、神的帳幕在人間**。所以列王記上 8:41-43 這段經文，所羅門王說的也很先知性：

『論到不屬你民以色列的 **外邦人**，
為 **祢名** 從遠方而來，
他們聽人論說 **祢的大名** 和 **大能的手**，並 **伸出來的膀臂**，就向這殿禱告，
求祢在天上祢的居所垂聽，照 **外邦人** 所祈求的而行，
**使天下萬民 都認識 祢的名，敬畏祢** 像祢的民以色列一樣；
又使他們知道我建造的這殿是稱為 祢名下的。』

再讀 以賽亞書 56:7：

『我必領他們到 **我的聖山**，
使他們在禱告 **我的殿** 中喜樂。
他們的燔祭和平安祭在我壇上必蒙悅納，
因 **我的殿** 必稱為 **萬民禱告的殿**。』

## 八、一個預告「秋雨降臨、活水湧流」的節期

住棚節這個節期正好是季節改變的轉化點，在節期過後，若沒有氣候異常或劇烈變化的話，**秋雨** 理應會按時 **降臨**，也因為這個秋雨的重要性，如果秋雨沒有「按時來到」，那這將會大大地影響到來年農作的收成。

所以，在住棚節的期間，會有一個「**取水**」儀式，希伯來文叫 (**נִסּוּךְ הַמַּיִם**)，由一個祭司從聖殿走到 西羅亞池 (**בְּרֵכַת הַשִּׁילוֹחַ**) 取水，然後將這水帶回聖殿。

這個取水的儀式，在耶穌時期即已存在，耶穌知道人們的心，希望住棚節後，能準時接收這「**秋雨之福**」，所以在約翰福音 7:37-39 這段經文記到：

『節期 (住棚節) 的末日，就是最大之日(大和撒那日)，
耶穌站著高聲說：「人若渴了，可以到我這裏 來喝。
信我的人就如經上所說：『從他腹中要流出 活水的江河 來。 』」
耶穌這話是指著信他之人要受聖靈說的。 』

耶穌說這話，意指著他本身就是賜「生命泉源活水」的那一位。

關於「活水湧流」，在以西結書、撒迦利亞書都預言到，在將來的日子，耶路撒冷的 (未來) 聖殿會有 活水流出，直至 死海(鹽海)，並且讓死海「變成」一個淡水湖，讓水中生物得以舒活和滋養，先看以西結書 47:1, 8-9, 12：

『殿的門檻下 有水 往東流出。這水從檻下，由殿的右邊，在祭壇的南邊往下流。…這水往東方流去，必下到亞拉巴，直到海。所發出來的水必流入 鹽海，使水變甜 (原文是 得醫治)。這河水 所到之處，凡滋生的動物 都必存活，並且因這流來的水 必有 極多的魚， 海水 也變甜了。這河水所到之處，百物都必存活。在河這邊與那邊的岸上必生長各類的樹木； 其果可作食物，葉子不枯乾，果子不斷絕。每月必結新果子，因為 這水 是從 聖所 流出來的。樹上的果子必作食物，葉子 乃為 治病。 』

再來看撒迦利亞書 14:4,8：

『那日，祂的腳必站在耶路撒冷前面朝東的橄欖山上。這山必從中間分裂，自東至西成為極大的谷。山的一半向北挪移，一半向南挪移。 那日，必有活水 從耶路撒冷出來，一半往東海 (死海) 流，一半往西海 (地中海) 流；冬夏都是如此。』

最後，是約翰在啟示錄所看見的異象，也與先知 以西結、撒迦利亞所見相同，啟示錄 22:1-2：

『天使又指示我在城內街道當中 一道生命水的河，
明亮如水晶，
從 上帝 和 羔羊的寶座 流出來。
在河這邊與那邊有生命樹，結十二樣果子，每月都結果子；
樹上的葉子 乃為 醫治萬民。 』

## 九、住棚節「終末的預表」

從前文一路閱讀下來，住棚節的末後預表，就不難理解了，就是 **神與人同在、神的帳幕在人間。** 如果說：

**吹角節** 代表 宣告 **彌賽亞的來臨。**

**贖罪日** 是耶和華神「審判」列國，並使以色列全家得救、**罪得洗淨** 。

**住棚節** 就是歡慶以色列的王、彌賽亞，回來與祂的子民相認，**並在耶路撒冷做王**，列國都要「承認」耶和華神的王權，在住棚節都要上耶路撒冷過節，進入所謂千禧年國度。以西結書 38:23、撒迦利亞書 14:9：

> 『**我** (耶和華) **必顯為大，顯為聖，在多國人的眼前顯現**；
> 他們就知道 **我是耶和華**。』

> 『耶和華必作 **全地的王**。
> 那日耶和華必為 **獨一無二的**，
> 祂的名也是 **獨一無二的**。』

和吹角節、贖罪日一樣，住棚節 的預表性意涵，當然和以色列在末後日子的「**重建 及 恢復**」 有密切關係，特別是在以色列經歷了末日大戰，列國聚集一切的武力想要毀滅以色列之後的「重建 與 恢復」，撒迦利亞書 14:2-3：

> 『因為 **我必聚集萬國 與耶路撒冷爭戰**，……；剩下的民仍在城中，不致剪除。那時，**耶和華必出去 與那些國爭戰**，』緊接著後面的經文，撒迦利亞書 14:16-19：

> 『所有來攻擊 **耶路撒冷** 列國中剩下的人，
> 必年年上來敬拜 **大君王－萬軍之耶和華**，並守 **住棚節**。
> 地上萬族中，凡不上 **耶路撒冷** 敬拜 **大君王－萬軍之耶和華**的，
> 必 **無雨** 降在他們的地上。埃及族若不上來， **雨** 也不降在他們的地上；
> 凡不上來守 **住棚節** 的 列國人，耶和華也必用這災攻擊他們。
> 這就是埃及的刑罰和那不上來守 **住棚節** 之列國的刑罰。』

上面這段經文提到幾個重點:

第一、將來，耶路撒冷會成為「**世界首都-屬靈中心**」[5]，因為這裡正是耶和華神「**立為祂名的居所**」[6]，馬太福音 5:35 耶穌說：

---

[5] 以賽亞書 2:2-3『末後的日子，**耶和華殿** 的山 必堅立，超乎諸山，高舉過於萬嶺；**萬民都要流歸這山**。必有 **許多國的民** 前往，說：來吧，我們登耶和華的山，奔 **雅各上帝的殿**。主必將他的道教訓我們；我們也要行他的路。因為 訓誨 (原文為妥拉) 必出於錫安；**耶和華的言語** 必出於 **耶路撒冷**。』

[6] 同參《奧秘之鑰-解鎖妥拉:申命記》No.4 妥拉<看哪>篇之第二段信息「立為祂名的居所」。

『不可指著 耶路撒冷 起誓，
因為 耶路撒冷 是 大君王 (耶和華神) 的京城。』

第二、在末後的日子，那被恢復的以色列和耶路撒冷，仍然會有住棚節，住棚節將成為一個「普世節期」，因為這個節期所代表的正是: 神來到地上「與人同住」、神在地上做王、執掌公義，所以，在住棚節，列國 當然要來 耶路撒冷 朝見-敬拜真神。

第三、這段經文又提到「雨水」，並說: 不來耶路撒冷過住棚節的列國，必 無雨降在他們的地上，經文還特別提到 埃及國 不來守住棚節會遭受刑罰，乃是要再次強調，並也向列國警告，當年的 埃及帝國，他的統治者 法老，正是因為心理剛硬、「悖逆」耶和華神的心意，迫害以色列百姓，所以才會遭到耶和華神的懲罰。

最後，以兩段的經文，來作為本文 (住棚節綜論) 的小結，撒迦利亞書 2:10-12、啟示錄 21:3-5：

『錫安城啊，應當歡樂歌唱，因為我 (耶和華神) 來要住在你中間。
這是耶和華說的。」
那時，必有許多國 歸附耶和華，作我 (耶和華神) 的子民。
我 (耶和華神) 要住在你中間，你就知道萬軍之耶和華差遣我到你那裏去了。
耶和華 必收回猶大 作祂聖地的分，也必再揀選 耶路撒冷。』


『我聽見有大聲音從 寶座 出來說：
「看哪，神的帳幕在人間。祂要 與人同住，
他們要作祂的子民。上帝要 親自 與他們同在，作他們的上帝。
上帝要擦去他們一切的眼淚；不再有死亡，也不再有悲哀、哭號、疼痛，
因為以前的事都過去了。坐寶座的說：看哪，我將一切 都更新了！』

# 光明節 (חג החנוכה)

「光明節」讀經段落：
妥拉:《民數記》7:1-8:4
先知書伴讀:《撒迦利亞書》2:10-4:7、《列王記上》7:40-50
新約伴讀:《約翰福音》9:1-7, 10:22-39

**光明節**，又稱 **修殿節** 或 **獻殿節**，希伯來文叫 (חֲנוּכָּה)，

(חֲנוּכָּה) 這個希伯來字的意思就是 **奉獻 dedication**、 **祝聖-使其成聖 consecration**，白話的來說，就是我們現在常講的「新居落成」典禮，英文 inauguration。

光明節 雖然不在妥拉-利未記 23 章裡面所提到的一系列耶和華節期的名單中。但因著他那偉大的歷史事蹟，也就是馬加比家族的起義，推翻這位「褻瀆聖殿」的希臘塞琉古帝國的君主: 安條克四世，就使得光明節在猶太人的歷史中，有了一個崇高的象徵和重要性，也讓後世的猶太人開始年年過這個節期。

稍微講一下歷史。安條克四世，這位自稱為「神明顯現」的希臘暴君，他強逼猶太人要接受希臘文化和希臘宗教，因此，在安條克四世任內，他嚴格禁止猶太人所有的宗教信仰活動，不准猶太人敬拜耶和華神，不准猶太人行割禮，不准猶太人奉行潔淨飲食條例，安條克四世，甚至還在耶路撒冷的聖殿裡將豬拿來獻祭，並在聖殿裡立了一尊宙斯的希臘神像，宙斯在希臘神話裡，是一位統管宇宙的至高神。

受到如此殘酷的壓迫，猶太馬加比家族的人，在西元前 167 年開始起義對抗希臘的塞琉古王朝，並在西元前 165 年成功地「收復聖殿」。

在他們進到這個「被褻瀆過」，已經變得殘破不堪的聖殿裡面後，馬加比家族的人急著想要點燃 **金燈台的燈**[1]，好讓聖殿裡，這本來應該是 **永遠不滅的光**，得以再次被點燃，再一次地來「照亮」整個聖殿，「照亮」整個世界。

但是，他們發現，在聖殿裡只剩下一瓶可以拿來點燈的潔淨的橄欖油，這瓶油的份量只能點燃一天，但結果，居然一連燒了八天。這個 **油的神蹟、「光的奇蹟」**

---

[1] 關於**金燈台**的功能及其屬靈意涵，另參《奧秘之鑰-解鎖妥拉:民數記》No.3 妥拉<燃起-上行>篇之第一段文字信息「燃起-上行」。

讓猶太人流傳著這麼一句話：

**נֵס גָּדוֹל הָיָה פֹּה**
**有偉大的神蹟在這裡。**

也因著這個 **油的神蹟**，讓金燈台燃燒了八天的「**奇蹟之光**」，所以猶太人後來另外發明、製作了一種專門是在光明節點的燈台，希伯來文叫 **(חֲנֻכִּיָה)**，這個光明節的燈台，不同於 金燈台 **(מְנוֹרָה)**，光明節的燈台有九盞，扣除中間的母燭台，左、右各四盞，一共是八盞，這八盞燈台，為的就是要紀念當時在聖殿裡，「八天的奇蹟之光」。也因為這樣，光明節這個節期就用 八天 的時間來慶祝和紀念。

而「八」這個數字，對猶太人來說，也是一個 **超驗**，**超越經驗**，**超越自然界**，代表「**神聖 和 神蹟**」的數字。[2] 在創世記 17:12 節，耶和華神和亞伯拉罕立約時，告訴亞伯拉罕說：

> 『你們世世代代的男子，
> 生下來 **第八日**，
> 都要受 割禮。』

這代表創造主: 耶和華神，「介入到」人類歷史中，和你們這一群希伯來人訂下一個「永恆的聖約」。

另外，在利未記第九章提到，摩西和亞倫準備要進行「**會幕**的開幕、奉獻」典禮，利未記 9:1：

> 『到了 **第八** 天，
> 摩西召了亞倫和他兒子，並以色列的眾長老來。』

這也就是說到了第八天，以色列百姓的生活就要進入到一個更高的里程碑，因為在營地當中，開始有「這個聖所:**會幕**」的運作了。

彌賽亞:耶穌過 光明節 嗎？ 在約翰福音 10:22-23 記載：

> 『在耶路撒冷有 **修殿節**，是冬天的時候。
> 耶穌在殿裏所羅門的廊下行走。』

---

[2] 同參《奧秘之鑰-解鎖妥拉:利未記》No.3 妥拉<第八日>篇之第一段文字信息「超驗的第八日」。

144

如果接下去看約翰福音 10 章下面發展的經文，會知道，耶穌正和他的猶太同胞，辨明自己就是「**這世上的光**」，是父神耶和華所應許的那位彌賽亞。

從使徒約翰的書寫中，讓我們看到，約翰將光明節，和耶穌辨明自己是那光、是彌賽亞的對話內容放在一起，目的是要告訴我們，將來那個在聖所裡，能真正永遠點燃的「那真光」，那個可以 照亮全世界的「神蹟之光」，其實就是彌賽亞自己。

正如約翰福音第一章，那個不斷被提到的「光」的主題，約翰福音 1:9, 14

> 『那光 是 **真光**，
> **照亮** 一切生在世上的人』

> 『道成了肉身，住在我們中間，⋯。
> 我們也見過 他的 **榮光**，
> 正是父獨生子的 **榮光**。』

最後，約翰在啟示錄 21:22-23 寫到：

> 『我未見城內有殿，**因主上帝－全能者和羔羊 為城的殿**。
> 那城內又不用日月光照；
> 因有 **上帝的榮耀** 光照，
> 又有 **羔羊 為城的燈**。』

# 記念安息日 (**שבת זכור**)

「記念安息日」讀經段落：
妥拉:《申命記》25:17-19
先知書伴讀:《撒母耳記上》15:1-34
詩篇伴讀: 109 篇
新約伴讀:《以弗所書》6:10-18

在「**普珥節**」前的這個安息日，被猶太人稱為「**記念安息日**」(**שַׁבָּת זָכוֹר**)，英文 **Sabbath of remembrance**，這個特別的安息日是為了接著來到的「普珥節」做預備。

因為普珥節所慶祝的，是猶太人打敗以亞瑪力人的後裔: **哈曼** 為首的「邪惡-反猶」勢力。所以在這個安息日，猶太人會誦讀與「亞瑪力人」相關的「告誡、謹記」的經文。

## 申命記 25:17-19：

『你 <要記念> (**זָכוֹר**) 你們出埃及的時候，亞瑪力人在路上怎樣待你。他們在路上遇見你，**趁你疲乏困倦擊殺你儘後邊軟弱的人，並不敬畏神。** 所以耶和華—你神使你不被四圍一切的仇敵擾亂，在耶和華—你神賜你為業的地上得享平安。那時，你要將亞瑪力的名號從天下塗抹了，不可忘記。』

## 撒母耳記上 15:1-2：

『撒母耳對掃羅說:「耶和華 差遣我膏你為王，治理祂的百姓以色列；所以你當聽從耶和華的話。萬軍之耶和華 如此說:『以色列人出埃及的時候，在路上亞瑪力人怎樣待他們，怎樣抵擋他們，我 (耶和華神) 都沒忘。』

## 詩篇 109：

21 主－耶和華啊，求祢為 祢的名 恩待我；
因祢的慈愛美好，求祢搭救我！

26 耶和華－我的上帝啊，求祢幫助我，
照祢的慈愛 拯救我，

27 使他們知道 這是 祢的手，
是 祢－耶和華 所行的事。

# 以斯帖禁食日　(תענית אסתר)

「以斯帖禁食日」讀經段落：

妥拉：《出埃及記》32:11-14、34:1-10

先知書伴讀:《以賽亞書》55:6-56:8

詩篇伴讀: 22 篇


以斯帖記 3:7,12-13：

『亞哈隨魯王十二年正月，就是 **尼散月**，人在哈曼面前，按日日月月 **掣普珥**，就是 **掣籤**，要定何月何日為吉，擇定了十二月，就是 **亞達月**。… 正月十三日，就召了王的書記來，照哈曼一切所吩咐的，用各省的文字、各族的方言，奉亞哈隨魯王的名，寫旨意，傳與總督和各省的省長，並各族的首領；又用王的戒指蓋印，交給驛卒傳到王的各省，吩咐將猶大人，無論 老、少、婦女、孩子，在一日之間，十二月，就是 **亞達月 十三日，全然剪除，殺戮滅絕，並奪他們的財為掠物**。』

上面這段經文，讀來非常毛骨悚然，如果你是當時住在波斯帝國境內各省的猶太人，當你聽到這樣「國家級的行政公告」時，你會有多大的恐懼，這樣的恐慌是無法想像的。[1]

以斯貼記 4:1 對當時「巨大恐慌」的局勢和情境有確切的描述：

> 『末底改知道所做的這一切事，
> 就撕裂衣服，穿麻衣，蒙灰塵，在城中行走，
> **大大地-又痛苦地 哀號哭喊 (וַיִּזְעַק זְעָקָה גְדוֹלָה וּמָרָה)**。』

> 『王的諭旨所到的各省各處，
> 猶大人 **大大悲哀 (אֵבֶל גָּדוֹל)**，
> **禁食、哭泣、哀號 (וְצוֹם וּבְכִי וּמִסְפֵּד)**，
> 穿麻衣 躺在灰中的 甚多。』以斯貼記 4:3

---

[1] 正如出埃及記裡的法老，透過「國家宣傳」的方式，鼓動全埃及對希伯來人所作的種族滅絕行動如出一轍，出埃及記 1:22『法老吩咐 **他的眾民** 說：「以色列人所生的男孩，你們都要丟河裏」。』

哈曼斗膽，居然在「**尼散月**」，這個以色列歷史上發生「**神蹟奇事-出埃及-過紅海**」的 **救贖** 月份，掣籤..意圖「**消滅-滅絕**」猶太人。

皇后以斯帖知道此事之後，立刻向猶太同胞布達「**禁食**」的緊急動員令，在以斯帖記 4:16 記載：

『你當去招聚書珊城所有的猶大人，為我「**禁食**」三晝三夜，不吃不喝；我和我的宮女也要這樣禁食。然後我違例進去見王，我若死就死吧！』

若是這樣，當年以斯帖號召族人全體「**禁食**」的時間應該落在: 尼散月的 **14-16** 日三天，也就是當時的「**逾越節**」這個本來是要「歡慶」紀念耶和華 **大能救恩** 的節期，結果卻在「逾越節」聽到要波斯帝國要對猶太人進行「**種族清洗-滅絕**」！

後世的猶太人為了紀念此一「危急-迫切」的「**禁食**」，所以有了<以斯帖禁食日>，但時間不是放在原先的尼散月 14 日開始，因為該日為「逾越節」除夕，不得禁食，因此，就把 <以斯帖禁食日> 放在「普珥節的前一天」來做紀念。


<以斯帖禁食日>猶太人讀經傳統，選讀的妥拉段落，和先知書伴讀，「恰好對應」當時「危急」的局勢，以及，最後完美-勝利的結果。

出埃及記 32:11-14『摩西便懇求耶和華－他的上帝說：「耶和華啊，祢為甚麼向祢的百姓發烈怒呢？這百姓是祢用大力和大能的手從埃及地領出來的。為甚麼使埃及人議論說『祂領他們出去，是要降禍與他們，把他們殺在山中，將他們從地上除滅』？

求祢轉意，不發祢的烈怒，後悔，**不降禍與祢的百姓**。求祢記念祢的僕人 亞伯拉罕、以撒、以色列。

祢曾指著自己起誓說：『我必使你們的後裔像天上的星那樣多，並且我所應許的這全地，必給你們的後裔，他們要永遠承受為業。』」 於是耶和華後悔，不把所說的禍降與她的百姓。 』

『耶和華說：「我要立約，要在百姓面前 **行奇妙的事**，是在**遍地萬國中所未曾行的**。在你四圍的 **外邦人** 就要看見 **耶和華的作為**，因我向你所行的 **是可畏懼的事**。」出埃及記 34:10

5 我必使他們 (以色列民) 在我殿中，在我牆內，**有記念，有名號**，比有兒女的更美。我必賜他們 **永遠的名，不能剪除**。

7 **我必領他們** (以色列民) **到我的聖山**，使他們在禱告我的殿中喜樂。他們的燔祭和 平安祭，在我壇上必蒙悅納，**因我的殿 必稱為 萬民禱告的殿**。

8 主耶和華，就是 **招聚以色列被趕散的**，說：在這被招聚的人以外，我還要招聚別人歸併他們。

詩篇 22 篇：

3 但 祢 (耶和華) 是聖潔的，
是用 **以色列的讚美** 為寶座

4 我們的祖宗 **倚靠祢** (耶和華)；
他們 **倚靠祢，祢便 解救他們**。

27 地的四極都要想念 耶和華，並且 歸順祂；
列國的萬族 都要 在祢面前 敬拜。

28 因為國權是 耶和華的；
祂是 **管理萬國的**。

30 祂 必有後裔 事奉祂；
**主所行的事** 必傳與後代。

31 他們必來 把 祂的公義 傳給將要生的民，
言明 **這事 是祂所行的**。

# 普珥節 (חג פורים)

「普珥節」讀經段落：

妥拉:《出埃及記》17:8-16

節期伴讀書卷:《以斯帖記》

詩篇伴讀: 7 篇

新約伴讀:《馬太福音》10:16-42、《希伯來書》11 章全

以斯帖記 9:20-22『末底改記錄這事，寫信與亞哈隨魯王各省遠近所有的猶大人，囑咐他們每年守 **亞達月十四、十五** 兩日，以這月的兩日為 **猶大人脫離仇敵得平安、轉憂為喜、轉悲為樂** 的吉日。在這兩日 **設筵歡樂，彼此餽送禮物，賙濟窮人。**』

普珥節，是一個對猶太人來說，極具歷史意義，同時也是歡慶的節期。因為這個節期所要傳達到一項重要信息就是: 耶和華神，祂會保護祂的子民，當一個想要澈底滅絕 猶太人的力量和勢力興起時，耶和華神就會「介入」到人類歷史中，阻擋這股惡勢力。[1]

普珥節，希伯來文 (חג פורים)，普珥 (פורים) 這個字就的意思是「**很多的籤**」，英文 **lots**. 以斯帖記 3:7 記載:『亞哈隨魯王十二年正月，就是尼散月，人在哈曼面前，按日日月月 **掣普珥 (הפיל פור)**，就是 **掣籤**，要定何月何日為吉，擇定了十二月，就是亞達月。』

隨後，哈曼更明確的訂了一個日子，就是 **亞達月的 13 號**，要來全然剪除，殺戮滅絕猶太人，並奪他們的財為掠物。這是以斯帖記 3:13 的節文。

哈曼之所以對猶太人如此的仇很，以至於要來個趕盡殺絕，導火線是來自於身為猶太人的末底改，見到哈曼不肯跪拜，於是哈曼對亞哈隨魯王說，以斯帖記 3:8：

『有一種民，散居在王國各省的民中；

他們的律例，**與萬民的律例不同，也不守王的律例，**

所以 **容留他們 與王無益。**』

---

[1] 正如在出埃及記裡，耶和華神「介入」到埃及帝國，「強力阻止」法老對希伯來人殘酷的迫害，降下十災，最後使得法老「被迫」要容以色列人離開埃及。另參《奧秘之鑰-解鎖妥拉:出埃及記》No.2 妥拉<我顯現>篇之第二段信息「救贖宣言」、第三段信息「十災的結構」。

從上面的經文，看得很清楚，猶太人的「**特立獨行、與眾不同**」被哈曼拿來向亞哈隨魯王建言:說要消滅猶太人，是作為「種族屠殺」的一個「正當理由」。[2]

但是，哈曼對猶太人的仇恨，並不是無緣無故的，這個仇恨乃是根植於猶太人和 **亞瑪力人** 歷世歷代的彼此仇恨，猶太人相信，這個身為 **亞甲** 族的 **哈曼**，其實正是亞瑪力人的後裔。這讓我們想到在撒母耳記上 15:8 所記載的『掃羅王生擒了 **亞瑪力王 亞甲**。』

在出埃及記 17 章，講到以色列百姓過紅海、出埃及所遭遇的第一場戰事，就是與 **亞瑪力人** 征戰，等到戰勝以後，出埃及記 17:14『耶和華對摩西說:「我要將亞瑪力的名號從天下全然塗抹了。」接著 17:16『又說:「耶和華已經起了誓，必世世代代和 **亞瑪力人** 爭戰。」』

耶和華神之所以這麼痛恨亞瑪力人，是因為，他們 「蓄意攔阻」 耶和華神的計畫。亞瑪力人肯定知道耶和華用「大能的手」，透過十災來擊打埃及，並迫使法老放走以色列人的事情，但是亞瑪力人居然在以色列百姓，前往應許之地的半路上，出來偷襲。[3]

因此，亞瑪力人也就成為「**敵擋神、反猶勢力**」的代名詞。

回到 **普珥，抽籤** 這件事，原來哈曼所訂的 **亞達月 13 號** 計畫是要消滅猶太人的日子，這個日期本來將會成為猶太人的「國殤日」，結果 亞達月 13 號，反而成了猶太人 大大戰勝 的「歡慶之日」。

讀以斯帖記也可以順便讓我們來回顧，以色列百姓/猶太人他們幾次經歷 **種族滅絕** 的厄運和危機時，耶和華神是如何「強行介入」到歷史中，使他們得以「絕處逢生」。

首先、就是出埃及記提到的，當時的世界強權埃及帝國和法老王，對以色列百姓展開的一連串迫害、奴役，到最後是「鼓動」全埃及的「反以」色列行動。出埃及記 1:22:『法老吩咐 **他的眾民** (全埃及帝國的公民和百姓) 說:「以色列人所生的男孩，**你們都要丟在河裏**;一切的女孩，你們要存留她的性命。」』

---

[2] 關於「反猶/反以」的根源和原型，另參《奧秘之鑰-解鎖妥拉:民數記》No.7 妥拉<巴勒>篇之第一段信息「靈界的戰爭」、第二段信息「反以的原型」。

[3] 另參《奧秘之鑰-解鎖妥拉:出埃及記》No.5 妥拉<葉忒羅>篇之第一段信息「外界的反應」。

但結果如何，耶和華神啟動「十災」來粉碎埃及帝國，「**全力搶救**」以色列百姓，讓他們硬是橫渡紅海。

第二個近代的例子，就是上個世紀德國納粹集中營、死亡營的種族滅絕和屠殺，但結果卻是: 那隻看不見的手，又一次地「介入」到人類歷史中，因為德國納粹在 1945 年戰敗，3 年後的 1948 年，那才剛經歷「死亡浩劫」的以色列，居然在流亡 2000 年之後，奇蹟地「重新復活」，重建國土，以色列復國。

當我們讀著詩篇 121 的時候，要清楚知道，耶和華神必定會保護的對象，而且首要保護的對象，始終是: 以色列。詩篇 121:4：

『 保護以色列的，也不打盹，也不睡覺。 』
הִנֵּה לֹא-יָנוּם וְלֹא יִישָׁן שׁוֹמֵר יִשְׂרָאֵל

# 皇后 以斯帖　(אסתר המלכה)

亞達月十三日　被猶太人稱為「以**斯帖**禁食日」(**תענית אסתר**)，然後緊接著來到的亞達月十四日的普珥節: 這個「記念-也見證」歷史背後那隻看不見的「**大能的手**」(**יָד חֲזָקָה**): 耶和華神對猶太人所施展的「拯救-救恩」的節期。

「普珥」這個字，希伯來文(**פורים**) 其實是個波斯語，意即為:「籤」。以斯帖記 3:7『亞哈隨魯王十二年正月，就是尼散月，人在哈曼面前，按日日月月「**掣普珥**」(**הִפִּיל פּוּר**)，就是掣「**籤**」(**פורים**)，要定何月何日為吉，擇定了十二月，就是亞達月。』

隨後，哈曼更明確訂定，就是 **亞達月十三日**，要『**全然剪除，殺戮滅絕**，並奪他們 (猶太人) 的財為掠物。』以斯帖記　3:13

因此，「**普珥**」這個字、這支「**籤**」，是讓哈曼訂出來要來屠殺異己 (猶太人) 的「良辰吉日」。同時也是猶太人等著要「被滅族」的「厄運-國殤日」。

但是，中間出現了一個關鍵人物，扭轉了整個局勢，這個人就是: 以斯帖 (當然也還有末底改的穿針引線)。

以斯帖的名字，希伯來文(**אֶסְתֵּר**)，這可能也是一個 (用希伯來文拼音) 的波斯名字，但有意思的是，如果單從希伯來文來看，以斯帖這個名字裡有個「字根」(**סתר**) 意思為「**隱藏**」。以斯帖記　2:10, 20:

> 『以斯帖「**未曾**」將籍貫宗族告訴人，
> 因為末底改囑咐她 **不可叫人知道。**』

> 『以斯帖照著末底改所囑咐的，
> 「**還沒有**」將籍貫宗族告訴人；
> 因為以斯帖遵末底改的命，如撫養她的時候一樣。』

末底改為了要保護以斯帖，囑咐她千萬「不能透漏」自己的種族身分，也就是身為一位「猶太人」的身分。

所以，可以做一個推測，至少在以斯帖記第五章以前，以斯帖作為「猶太人」的身分，仍是不為人知，是『**被隱藏的**』，這個身分要在「最關鍵的時刻」才會暴露出來，但現在還不是時候。

因此，閱讀以斯帖記會注意到，以斯帖記共 10 章，正好是在這卷書的中間部分 (5-6 章) 出現了一個戲劇性的轉折，而也就是在這個轉折和突破以後，以斯帖的「猶太人」身分才明朗化。

在以斯帖記 7:3-4 節才看到：

> 『我所願的，是願王將我的性命賜給我；
> 我所求的，是求王將「**我的本族**」賜給我。
> 因「**我和我的本族**」被賣了，要剪除殺戮滅絕我們。』

這裡，就要提到以斯帖的另一個名字，叫做: 哈大沙，希伯來文(**הֲדַסָּה**)，這個名字應是以斯帖父家給她原來的名字，後來才被改名為: 以斯帖 (隱藏)。

哈大沙(**הֲדַסָּה**)，這個名字的「字根」來自一種植物，叫做 (**הֲדַס**) 學名叫做 **Myrtus**. 中文 (可能的翻譯) 叫白桃木。

這種植物的葉子看起來很平凡，但葉子裡面其實含有芬芳的香味，這個味道，平時不會散發出來，只有當葉子『**被擰碎、折斷**』時，其內芬芳的香味才會四溢因此 **以斯帖**，就正如其本名「**哈大沙**」，為了拯救本族同胞，她願意讓自己被「**折斷、破碎**」。

以斯帖冒著生命危險，貿然去見王，要知道她當時已經 30 日之久沒有被王召見。她這樣「從容赴義」的精神和決心，在以斯帖記 4:16 節的經文中記載得很明白：

> 『你當去招聚書珊城所有的猶大人，
> 為我禁食三晝三夜，不吃不喝；我和我的宮女也要這樣禁食。
> 然後我「違例」進去見王，
> 我若死，就死吧！(**וְכַאֲשֶׁר אָבַדְתִּי אָבָדְתִּי**)』

希伯來文的描述非常地強烈而直白：『我若死，就死吧！(**וְכַאֲשֶׁר אָבַדְתִּי אָבָדְתִּי**) 』單單希伯來文這三個字的鏗鏘有力，即表明了以斯帖的「堅韌和勇敢」。

這個時候的以斯帖，再也不想，也不能夠再「**隱藏**」自己的真實身分，她已預備好，要將自己的性命被「**折斷 和 破碎**」，為的就是要在這個緊要關頭，發揮自己身為「**猶太裔** 的王后」位分的影響力，來拯救她的猶太同胞。

因為，妳除了是波斯帝國 亞哈隨魯王的 皇后，妳還更是那一位屬於「**所有猶太同胞的**」尊貴皇后。妳不要忘記妳自己「是誰」！！就如末底改對皇后以斯帖所說的，以斯帖記 4:13-14：

> 『妳莫想妳在王宮裏 強過 一切猶大人，得免這禍。
> 此時妳若閉口不言，**猶大人** 必從別處得解脫，蒙拯救；
> 妳和妳父家必致滅亡。
> 焉知妳得了 **王后的位分** 不是為 **現今的機會** 嗎？』

焉知妳得了「王后的位分」，不是為「現今的機會」嗎？

雖貴為皇后，但以斯帖仍願意成為那一個「**被破碎**」的 **貴重玉瓶**，並且，散發出真哪噠香膏的芬芳香氣。

# 尼散月:「滅族鏟籤」的月份,或「神蹟拯救」的月份?

## 一、耶和華神「大大戰勝」的月份:

在妥拉-出埃及記當中, 尼散月 (נִיסָן) 代表的是一個施行『**神蹟奇事、反敗為勝**』的月份。出埃及記 12:1-2, 12, 51:

『耶和華在埃及地曉諭摩西、亞倫說:你們要以本月 (尼散月) 為 正月,為一年之首。…因為那夜 (尼散月 14 日之夜) 我要巡行埃及地,把埃及地一切頭生的,無論是人是牲畜,都擊殺了,又要 **敗壞埃及 一切的神**。我是耶和華。…正當那日 (尼散月 15 日),耶和華將以色列人按著他們的軍隊,從埃及地領出來。』

尼散月之所以為「**正月**」,**第一個月**,是因為這是一個「**耶和華神 得勝**」的月份,也是以色列百姓『 **重生、得自由、得救贖,權柄轉移** 』的重大月份。

殺長子之災、塗抹羔羊的血、擊打法老、粉碎埃及帝國、紅海分開、以色列出埃及、紅海淹沒埃及軍隊,以上這些事件,都是在「**尼散月**」發生。

## 二、出埃及的「第一場」神蹟戰事:

以色列百姓出埃及後,半路上遇到偷襲來犯的亞瑪力人,這群亞瑪力人,正如申命記 25:18 所記:

『他們在路上遇見你,
趁你疲乏困倦擊殺你儘後邊軟弱的人,
**並不敬畏神**。』

要知道當時剛出埃及的以色列人,一輩子只做奴隸,根本沒上戰場打過仗,是一群「疲憊軟弱」的百姓。

但透過摩西的舉手禱告,以及約書亞的英勇領軍,結果居然「奇蹟似地」戰勝亞瑪力軍隊,然後耶和華對摩西說:『我要將亞瑪力的名號從天下全然塗抹了;你要將這話寫在書上作紀念。』出埃及記 17:14

為什麼耶和華神這麼厭惡,甚至說痛恨亞瑪力人,因為他們「蓄意攔阻」耶和華神的計畫。亞瑪力人肯定知道耶和華用大能的手,透過十災來擊打埃及,並迫使法老「放走」以色列人的頭條新聞,但亞瑪力人居然在以色列百姓前往應許之地的半路上,出來偷襲。因此,申命記的經文說這群人『**並不敬畏神**』。

## 三、尼西、旌旗/神蹟、尼散月的希伯來文:

『尼西、神蹟、尼散月』,這三個希伯來字其實共有一個字根 (נס)。[1]

1. **耶和華-尼西** (יְהוָה נִסִּי) 讀音 Yehovah nisi. 當以色列戰勝亞瑪力人之後,摩西築了一座壇,起名叫「**耶和華-尼西**」,就是『**耶和華是我旌旗**』,或『**耶和華是我的神蹟**』,耶和華為我施行神蹟奇事,因為「尼西 (נִסִּי)」這個中文翻譯,只是音譯,真正的涵義為『**我的旌旗/神蹟**』。

2. **神蹟** (נֵס) 讀音 nes. 意思就是 神蹟、或(得勝的) 旌旗。上面的「尼西(נִסִּי)」就是由這個希伯來字「神蹟」(נֵס) 變化過來的。

3. **尼散月**(נִיסָן) 讀音 nisan. 意思就是「**奇蹟**」的月份,耶和華施展大能的手,在地上運作得勝的旌旗、大大戰勝的月份。

綜上所述,從希伯來文來看,很清楚,**尼散月** 所標誌的就是一個「**神蹟**」的月份,是耶和華「**得勝**」的時刻。

## 四、危急的尼散月、痛苦的逾越節:

來到以斯帖記 3:7,12-13『亞哈隨魯王十二年正月,就是「**尼散月**」,人在哈曼面前,按日日月月「掣普珥」,就是掣「籤」,要定何月何日為吉,擇定了十二月,就是亞達月。 正月 (尼散月) 十三日,就召了王的書記來,照哈曼一切所吩咐的,用各省的文字、各族的方言,奉亞哈隨魯王的名,寫旨意,傳與總督和各省的省長,並各族的首領;又用王的戒指蓋印,交給驛卒傳到王的各省,吩咐將猶太人,無論老少婦女孩子,在一日之間,十二月,就是亞達月十三日,**全然剪除**,**殺戮滅絕**,並奪他們的財為掠物。 』

可以想像,亞哈隨魯王十二年的 尼散月,是一個『**情況危急的 尼散月**』,本來猶太人應該是家家戶戶正準備著羊羔,然後在「尼散月」十四日晚上,要闔家團圓吃「**逾越節**」的晚餐,紀念這個以色列歷史上,耶和華神「**大大戰勝 的月份**」:**尼散月**,但結果哈曼卻在「**耶和華神的月份**」:尼散月,要來掣籤,決意「消滅-屠殺」猶太人,這就使得當年猶太人過的逾越節,成了一個痛苦、哀傷的逾越節。

---

[1] 同參《奧秘之鑰-解鎖妥拉:出埃及記》No.4 妥拉<容百姓去>篇之第五段信息「戰勝心魔,打敗亞瑪力」。

## 五、簽放在懷裡，定事由耶和華:

「**普珥節**」，直接翻譯成白話，就是「**抽籤節**」。

哈曼或許沒有念過 **出埃及記** 這卷書，也沒讀過所羅門王所寫的 **箴言**，不然，哈曼怎麼膽敢在「**尼散月**」這個耶和華神「**大能彰顯**」的月份上，透過「抽籤」的方式，自己就這麼決定，要在波斯帝國各省『全然剪除，殺戮滅絕』猶太人呢？

> 『籤放在懷裡，
>
> **定事由耶和華**。』箴言 16:33

> 『王的心 **在耶和華手中**
>
> 好像隴溝的水隨意流轉。』箴言 21:1

哈曼大概沒料到，因為以斯帖的出現、擺設筵席，在亞哈隨魯王面前的求情，還有亞哈隨魯王那一晚的「失眠」，「突然憶起」原來末底改對王有救命之恩，這一連串的事件，造成局面的整個翻轉。

是的，人們說以斯帖記裡面沒有「上帝/ 耶和華神」的文字，但是行文中處處都在證明一件事，那就是: 在人類歷史的背後 (上面)，有『**一隻看不見的手**』正在「**鑑察-掌管-運作著**」歷史。[2]

**亞達月** 作為聖曆的 **最後一個月** (第十二個月)，是要來預備「**正月**」也就是聖曆的 **第一個月: 尼散月** 的到來，因為這個月，是耶和華神在祂子民身上「**得榮耀**」的月份，是以色列百姓 **出埃及**，耶和華第一個節期: **逾越節** 出現的月份·

---

[2] 整部妥拉都在見證這件事，另參《奧秘之鑰-解鎖妥拉:申命記》No.11 妥拉<祝福>篇之第五段信息「救贖歷史」。

奧秘之鑰 耶和華的節期

作者：鹽光

發 行 人：鍾塩光

出 版 者：妥拉坊

地 址：台北市大安區忠孝東路三段 303 號 4 樓之 5

電 話：0916-556419

電子郵件：torahsc@gmail.com

網 址：www.torahsc.com

出 版 年 月 ：2023 年 3 月初版

定 價： 新台幣 888 元

ISBN　978-626-97072-3-2 (平裝)

展售處（銷售服務）：妥拉坊

地 址：台北市大安區忠孝東路三段 303 號 4 樓之 5

電 話：0916-556419

網 址：www.torahsc.com

電子郵件：torahsc@gmail.com

電子書設計製作：伯特利實業有限公司

設計製作：林子平

地 址：台北市文山區指南路二段 45 巷 10 弄 11 號 B1

電 話：29372711